Sanidad
para el alma
de una
mujer

Sanidad para el alma *de una* mujer

Cómo superar sus heridas emocionales

JOYCE MEYER

NEW YORK NASHVILLE

FaithWords
Hachette Book Group
1290 Avenue of the Americas, New York, NY 10104
www.faithwords.com
twitter.com/faithwords

Primera edición: septiembre 2018

FaithWords es una división de Hachette Book Group, Inc. El nombre y logotipo de FaithWords es una marca registrada de Hachette Book Group, Inc.

La editorial no es responsable de los sitios web (o su contenido)
que no sean propiedad de la editorial.

El Hachette Speakers Bureau ofrece una amplia gama de autores para eventos y charlas. Para más información, vaya a www.hachettespeakersbureau.com o llame al (866) 376-6591.

Traducción y edición en español por LM Editorial Services | lmeditorial.com | lydia@lmeditorial.com, en colaboración con Belmonte Traductores

ISBN: 978-1-4555-6021-9 (libro impreso) | E-ISBN: 978-1-5460-1024-1 (ebook)

Impreso en los Estados Unidos de América
LSC-C
10 9 8 7 6 5 4 3

ÍNDICE

INTRODUCCIÓN

[El Señor] *restaura a los de corazón quebrantado y cubre con vendas sus heridas.*

—Salmos 147:3, nota aclaratoria

¿Puede ser sanada una mujer que ha sido profundamente herida ya sea por circunstancias en su vida o por una persona a la que amaba y en quien confiaba? ¿Pueden ser sanados su corazón y su alma? ¿Puede volver a amar y confiar? Como mujer que fui abusada sexualmente por mi padre, abandonada por mi madre y engañada por mi primer esposo, puedo decir sin ninguna duda: "¡Sí!". Si usted está viviendo con un alma herida y se siente sola, no amada y malentendida, puedo prometerle que no tiene que permanecer en ese estado.

Belleza en lugar de cenizas, que fue publicado en 1994, fue el primer libro que escribí sobre sanidad emocional. Desde ese tiempo he tenido mucha más experiencia en esta área y soy más conocedora de la Palabra de Dios, por lo que quiero compartir con usted esas cosas. He escrito otros libros que incluyen algunas partes de lo que compartiré en este libro, pero con la ayuda de Dios, este será un manual completo desde una perspectiva bíblica sobre el tema de la sanidad emocional.

Incontables números de personas caminan de un lado a otro

heridas en sus almas por daños del pasado, y no saben que pueden ser sanadas o simplemente no saben qué hacer o cómo comenzar. Compartiré lo que he aprendido en mi jornada de vida, y aunque la suya no sea exactamente igual a la mía, espero que mi historia pueda ser de inspiración y una luz que la guíe mientras recorre su camino en pos de la sanidad.

Así como nuestro cuerpo puede estar enfermo, también nuestra alma puede estar enferma, pero Dios quiere sanarnos en todas las áreas donde estemos heridas, incluida nuestra alma. El alma consiste de la mente, la voluntad y las emociones; es la parte interior de nosotros, y una parte muy importante. Sin importar lo que tengamos materialmente o qué tan buenas sean nuestras circunstancias en la vida, si hemos sido heridas, golpeadas, y nuestra alma sangra, no disfrutaremos de la vida. Sea que nuestro dolor provenga de la vergüenza, amargura, depresión, duda, inseguridad, culpabilidad o del temor, eso es algo que hay que confrontar y abordar.

Durante años, me pasé dando traspiés por la vida pensando que tenía lo mejor que podía esperar considerando mi pasado. Realmente puedo recordar que cuando era adolescente pensaba que siempre tendría una vida de segunda categoría debido a lo que mi padre me había hecho. Ni siquiera intentaba abordar ninguno de los problemas que se crearon por mi pasado, sencillamente porque no creía que se pudiera hacer nada al respecto. Estaba equivocada.

Es sorprendente cuán equivocados pueden ser nuestros pensamientos, pero si no sabemos que son equivocados, entonces nunca podremos superarlos. En este libro espero mostrarle que tiene a su disposición una vida maravillosa, asombrosa y satisfactoria. Con la ayuda de Dios, usted puede aprender a pensar y comportarse de maneras que realmente la harán libre para ser la asombrosa mujer que Dios creó.

Cuando sepa lo que tiene a su disposición, ¡es mi oración que tomará la decisión de ir tras ello! El mundo ofrece una amplia variedad de remedios para las heridas del alma, y algunos de ellos pueden ser útiles, pero Jesús nos ofrece sanidad completa. Él es el sanador y restaurador de nuestras almas. El salmista David dijo que Dios había restaurado su alma (ver Salmos 23:3). Cuando algo es restaurado, es hecho como nuevo otra vez.

¿Qué tipo de vida quiso Dios para usted como una mujer que es creada a imagen de Él? Sin duda, no es una vida donde usted sea minimizada, devaluada, maltratada, abusada, utilizada y golpeada. Él nos ofrece amor incondicional, dignidad y valía infinitos, integridad, justicia, paz y gozo; ¡y eso es tan solo el comienzo de sus bendiciones para quienes creen y caminan con Él por la vida!

Al comenzar la jornada de sanidad para su alma, le pido que recuerde que la sanidad toma tiempo. A veces, también es dolorosa porque tenemos que permitir que se abran viejas heridas para que así salga de ellas la infección que está supurando y envenenando nuestra alma. Las mujeres que tienen necesidad de sanidad para su alma tienen solamente dos opciones. La primera es continuar dando traspiés en la vida, tan solo intentando pasar cada día, y la segunda es decir: "Ya he tenido suficiente tristeza, infelicidad, excusas, culpabilidad y vergüenza, ¡y estoy lista para hacer lo que sea necesario para ser sanada!".

CAPÍTULO 1

La historia de las mujeres

Haz lo mejor de ti mismo para avivar las diminutas chispas internas de posibilidades para que se conviertan en grandes llamas de logros.

—Golda Meir

En primer lugar, déjeme decir que las mujeres son idea de Dios. Aunque Él creó primero a Adán, rápidamente se dio cuenta de que necesitaba una ayuda idónea, así que tomó una costilla del costado de Adán y de ella creó a Eva. Me gusta destacar que Eva fue tomada del costado de Adán, lo cual indica que ella debía caminar a su lado en la vida como alguien a quien Adán necesitaba. No fue tomada de la planta de sus pies, indicando que él tenía permiso para pisarla.

Si está familiarizada con la historia de la creación (ver Génesis 1-3), quizá sepa que después de que Dios creó a Adán y Eva, los colocó en un hermoso jardín llamado Edén, y su plan fue que ellos disfrutaran de la vida abundantemente y que tuvieran comunión con Él. Tenían mucha libertad para tomar sus propias decisiones y se les había otorgado autoridad para tener dominio sobre los animales y todo el entorno en el que habitaban. Sin embargo, había una cosa que Dios les dijo que no hicieran, y fue que no comieran del árbol del conocimiento del bien y del mal, de la bendición y la calamidad (ver Génesis 2:9, 16-17). Podían comer de cualquier otro árbol, incluido el árbol de la vida. Está claro por este relato que Dios quería que su creación se llenara de vida como solo Él podía darla, y en su intención original, Él quería que ellos experimentaran solo lo bueno y no lo malo.

Como Dios es omnisciente, por supuesto que también sabía desde el principio que Satanás, que se le apareció a Eva en forma de serpiente, la engañaría y que ella y Adán comerían del árbol del cual les había prohibido comer. Esa mala acción abrió la puerta a todo el dolor y la disfunción que existen en nuestro planeta en la actualidad. Quizá se pregunte: *Bueno, si Dios sabía que su plan perfecto fallaría, entonces ¿por qué no hizo que fuera imposible que se arruinara?* La respuesta es muy sencilla: Dios creó al hombre con libre albedrío porque quería tener comunión con personas que quisieran estar con Él, no meramente personas que no tuvieran otra opción. Él quería personas con las cuales colaborar en la vida, no marionetas que no tenían otra elección salvo hacer lo que Él quisiera.

Es fácil enojarse con Adán y Eva y pensar: *¿Cómo pudieron ser tan necios?* Pero ninguna de nosotras lo hubiéramos hecho mejor. Aunque Dios los creó con libre albedrío, lo cual quiere decir que tenían la posibilidad de desobedecerlo, también tenía un plan desde el principio para la completa restauración y plenitud de hombres y mujeres. Ese plan, dicho de forma simple, es *Jesús*.

Dios nos ama tanto que planeó desde el principio de los tiempos permitir que su único Hijo pagara por nuestros pecados y nos diera una salvación plena. Salvación significa vida, pero la vida que Dios nos ofrece no es meramente la posibilidad de respirar y caminar, sino que nos ofrece "vida" como solo Él la conoce. Podemos ser llenas de la vida de Dios. Esa vida es tan poderosa que al margen de lo que nos ocurrió en el pasado que ha dañado nuestra alma, podemos ser sanadas y totalmente restauradas. La muerte ha sido absorbida por la vida, y la luz ha absorbido la oscuridad. Jesús es a la vez Vida y Luz. Por eso Juan 1:4 dice: "En él estaba la vida, y la vida era la luz de la humanidad".

Le puedo asegurar que Dios nunca se queda sin un plan. Independientemente de lo que le haya ocurrido a usted, Dios tiene un plan para su vida, y es un buen plan.

Cuando Satanás consiguió engañar a Eva, tentándole para que desobedeciera, Dios le hizo una afirmación que nos lleva a entender por qué las mujeres, en líneas generales a lo largo de la historia, han sido tan marginadas, insultadas y devaluadas. Génesis 3:14-15 dice:

> Dios el Señor dijo entonces a la serpiente: «Por causa de lo que has hecho, ¡maldita serás entre todos los animales, tanto domésticos como salvajes! Te arrastrarás sobre tu vientre, y comerás polvo todos los días de tu vida. Pondré enemistad entre tú y la mujer, y entre tu simiente y la de ella; su simiente te aplastará la cabeza, pero tú le morderás el talón».

Por favor, observemos que la "simiente" de Eva aparece en mayúsculas [en alguna versión en inglés] en este versículo, pero la simiente de la serpiente no. Esto es debido a que la simiente de Eva es Jesucristo. Ella es la madre de todo ser viviente y está directamente en la línea genealógica de Jesús. Dios le estaba haciendo saber a Satanás que la simiente de Eva aplastaría su cabeza, o le quitaría su autoridad y lo derrotaría. Satanás, durante un tiempo, mordería el talón de los hijos de Dios, refiriéndose a cómo nos ataca en nuestro caminar diario.

Este mismo tipo de ataque se perpetró contra Jesús durante el tiempo que estuvo en la tierra, pero el final de la historia es que Jesús murió en nuestro lugar, tomó nuestro dolor y tristeza, sufrió más allá de lo que podríamos imaginar, y pagó por nuestros pecados. Pero por fortuna, ese no es el final de la historia. Si lo fuera, le habría dado a Satanás la victoria que siempre deseó tener. Sin duda que él mordió el talón de nuestro Salvador, pero Jesús estuvo en el sepulcro tres días, tiempo durante el cual se apoderó de "las llaves de la muerte y el Hades" (Apocalipsis 1:18), y después resucitó de los muertos, ¡y vive para siempre! Mediante la simiente de Eva (Jesús), Dios aplastó la cabeza (autoridad) de Satanás.

Satanás ha sido despojado de la autoridad que Adán y Eva le entregaron mediante su desobediencia, pero si no sabemos que está derrotado, seguiremos permitiendo que su malvado plan gobierne en nuestras vidas. Satanás está derrotado, ¡y usted tiene hoy a su disposición una vida llena de sanidad y abundancia! Lo único que necesita hacer para obtenerla es recibir a Jesús como su Salvador por fe y creer que las promesas en la Palabra de Dios son para usted. Al hacerlo, entrará en una jornada que durará toda una vida con Jesús, quien la guiará a lo largo de su camino.

No importa cuán profundo sea el pozo en el que siente que está, el brazo de Dios no es demasiado corto para llegar hasta usted y sacarla de ahí. Él la pondrá en lugares altos y le dará una paz que sobrepasa todo entendimiento y un gozo que no se puede describir. Dios la encontrará dondequiera que esté usted y la ayudará a llegar donde tenga que estar.

Ataque satánico contra las mujeres

El trato injusto y cruel de las mujeres a lo largo de los siglos solo se puede atribuir a un ataque demoniaco. Le daré unas cuantas estadísticas que tengo solamente para establecer mi punto. (Ver el apéndice I para más estadísticas).

DERECHO AL VOTO:

- Ratificado el 18 de agosto de 1920, la Decimonovena Enmienda a la Constitución de los Estados Unidos concedió a las mujeres estadounidenses el derecho a votar, un derecho conocido como el sufragio de las mujeres. En la época en que se fundó los Estados Unidos, sus ciudadanas femeninas no compartían todos los mismos derechos que los hombres, incluyendo el derecho al voto.[1]

IGUALDAD SALARIAL Y DERECHOS DE PROPIEDAD:

- Como promedio, las mujeres empleadas a jornada completa en los Estados Unidos perdieron un total combinado de más de 840 000 millones de dólares cada año debido a la brecha salarial.[2]

EDUCACIÓN:

- Globalmente, 65 millones de niñas no asisten a la escuela.[3]
- Dos tercios de los 774 millones de personas analfabetas en el mundo son mujeres.[4]
- Si todas las mujeres tuvieran educación primaria, habría un 15% menos de muertes infantiles. Si todas las mujeres tuvieran educación secundaria, las muertes infantiles se reducirían a la mitad, salvando tres millones de vidas. La educación de las madres mejora la nutrición del hijo. Si

todas las mujeres tuvieran educación primaria, 1,7 millones de niños serían salvados del retraso en el crecimiento infantil debido a la desnutrición.[5]

GENEROCIDIO:

- Los demógrafos calculan que faltan 126 millones de mujeres debido al generocidio (el asesinato de alguien por su sexo, también llamado feminicidio). Ese es el mismo número de muertes que las provocadas por las dos guerras mundiales y el SIDA juntos. Cada año, perdemos a dos millones de bebés niñas por el aborto selectivo del sexo y el infanticidio. Eso son cuatro niñas por minuto. Solo en China, faltan 62 millones de mujeres. Eso supone el 9,5% de su población femenina.[6]
- El generocidio afecta a mujeres de todas las edades, pero se agrava especialmente en las más pequeñas. En los últimos veinte años, el aborto por selección de sexo ha desplazado al infanticidio como el principal método de eliminar bebés hembras.[7]

VIOLENCIA Y ABUSO CONTRA LAS MUJERES:

- Una de cada dos mujeres en los Estados Unidos ha sido violada en su vida. El 79% de estas víctimas femeninas de violación completa reportan que fueron violadas por primera vez antes de los veinticinco años.[8]
- Se calcula que el 35% de las mujeres del mundo han experimentado violencia física o sexual a manos de alguien cercano o violencia sexual a manos de alguien que no era cercano en algún momento de su vida. Sin embargo,

algunos estudios nacionales revelan que hasta el 70% de las mujeres han experimentado violencia física o sexual a manos de alguien cercano durante su vida.[9]

- Las mujeres adultas representan casi la mitad de todas las víctimas de tráfico humano detectadas globalmente. Mujeres y niñas juntas representan cerca del 70%, donde las niñas representan dos de cada tres víctimas de tráfico infantil.[10]

TRÁFICO HUMANO:

- Mujeres y niñas conforman hasta el 98% de las víctimas de tráfico para la explotación sexual.[11]
- La edad promedio en la que una adolescente entra en el mercado del sexo en los Estados Unidos es entre doce y catorce años. Muchas víctimas son niñas fugitivas de las que abusaron sexualmente cuando eran pequeñas.[12]
- Según el Departamento de Estado de los Estados Unidos, el tráfico humano es uno de los mayores desafíos de los derechos humanos de este siglo, tanto en los Estados Unidos como en todo el mundo.[13]

Por fortuna, las mujeres han progresado algo, especialmente en el mundo occidental, pero se sigue abusando de las mujeres incluso ahí. Y en muchas otras partes del mundo, muchas de las cosas que he descrito arriba siguen sucediendo diariamente. La batalla por la libertad y la restauración de las mujeres es continua, pero me alegra saber que se puede encontrar la sanidad mediante la fe en Dios, y me alegra que nuestro ministerio esté siendo parte de la ayuda para que se produzca esa libertad en las mujeres de todo el mundo.

Debido a un largo historial de ser devaluadas y deshonradas, muchas mujeres hoy día, incluso en lugares donde se ha conseguido avanzar mucho, siguen sin poder ver su verdadera dignidad y valor. Dudan de sus capacidades, y en muchas ocasiones ni siquiera intentarán hacer grandes cosas en su vida simplemente por una mentalidad errónea que está arraigada en ellas. "Soy solo una mujer" es una frase que no me gusta oír. Esa frase es reveladora en sí misma.

Recuerdo que cuando Dios me llamó al ministerio, comencé a experimentar mucho rechazo por la única razón de que era mujer, y las mujeres no enseñaban la Palabra de Dios. Oí cosas como: "Las mujeres pueden enseñar en la escuela dominical, pero no se les permite enseñar en las reuniones generales". Eso no tenía sentido, porque si era impropio que ellas enseñaran, sería tan impropio enseñar en la escuela dominical como enseñar en la reunión principal de la iglesia, o ser pastora o evangelista, o tener cualquier otro tipo de oficio en el mundo eclesial.

Fui juzgada, criticada, me pidieron que me fuera de mi iglesia, y mi familia y amigos me aislaron hasta un punto en que tuve que acudir a Dios en oración y recordarle que yo era una mujer y, por lo tanto, no podía hacer las cosas que sentía en mi corazón que tenía que hacer. Recuerdo claramente oír a Dios susurrarme en el corazón: "Joyce, ¡sé que eres una mujer!". Él quería que yo siguiera haciendo lo que Él me estaba guiando a hacer al margen de cuánta oposición experimentara. Afortunadamente, con los años, la mentalidad de muchas personas ha cambiado, pero no de todas. Espero que veamos el día en que las mujeres puedan tomar su legítimo lugar en toda la sociedad y ser respetadas, valoradas y apreciadas.

Algunas mujeres que han decidido luchar por sus derechos se han vuelto rebeldes y tienen actitudes que no son saludables para ellas ni para el mundo en el que vivimos. Es comprensible por qué comenzó el movimiento de liberación de las mujeres. Las mujeres estaban tan cansadas de ser oprimidas, que finalmente decidieron salir del cautiverio. Sin embargo, en el proceso muchas mujeres ahora corren el peligro de tener una actitud que es excesiva y no está de acuerdo con la voluntad de Dios.

Dios le dio claramente a Adán (hombres) autoridad sobre Eva (mujeres), pero no la de gobernar sobre ella. Era para su protección. Las mujeres tienen un deseo innato de que las cuiden, de ser valoradas y de sentirse seguras, y los hombres deberían proveer eso. Como eso no ocurrió, al menos no en muchos casos, las mujeres han comenzado a tomar las riendas y hacer lo que en muchos casos los hombres deberían hacer. Si las cosas hubieran funcionado adecuadamente desde el comienzo de los tiempos, este desequilibrio no existiría, pero no funcionó bien y, tristemente, la bonita relación entre hombres y mujeres que Dios pretendía se ha perdido. No nos atrevamos a mirar al mundo para que nos enseñe en estas áreas, pero podemos mirar la Palabra de Dios; obedeciendo buenos principios de las Escrituras, podemos experimentar un equilibrio saludable que sea una bendición para todos.

Yo soy una mujer en el ministerio, directora de un ministerio internacional, y a la vez soy también una mujer que respeta la autoridad de su esposo. Dave y yo nos amamos, nos respetamos y nos sometemos el uno al otro como al Señor. Yo he tenido mucho que aprender por haber sido abusada por varias figuras de autoridad masculinas en cientos de ocasiones, y no fue fácil, pero Dios me ha ayudado a ver su plan original para la coexistencia respetuosa y pacífica de hombres y mujeres, y oro para que siempre pueda modelar eso para todos aquellos a los que tengo el privilegio de enseñar.

Agraciadamente, nuestra historia no tiene que ser nuestro destino. A menudo digo: "Yo no tuve un buen comienzo en la vida, ¡pero estoy decidida a tener un buen final!". Si tiene usted el alma herida y necesita sanidad, oro para que tome esa misma decisión y haga la misma declaración.

> *Yo no tuve un buen comienzo en la vida, ¡pero estoy decidida a tener un buen final!*

Actitud

Se han escrito numerosos libros sobre el peligro de tener una mala actitud y el poder de una buena actitud. Esta sección no pretende ser un estudio profundo y exhaustivo sobre el tema, pero quiero mencionarlo. Como la mayoría de las personas que tienen el alma herida, yo tenía una actitud muy mala. En mi cabeza sonaba algo parecido a esto: *¡Ningún hombre me va a volver a zarandear más! Nadie me va a decir lo que debo hacer a partir de ahora. Cuidaré de mí misma, así que nunca tendré que pedirle nada a nadie. No se puede confiar en los hombres porque solo les interesa usarte para sus propios intereses egoístas. No volveré a estar jamás en una posición en la que alguien sea capaz de herirme.*

Estos pensamientos y otros muchos parecidos sonaban en mi mente una y otra vez durante muchos años. Mi actitud era férrea, insensible, y mi mentalidad era intransigente. Si esto la describe a usted en alguna forma, le sugiero que después de invitar a Jesús a entrar en su corazón, le invite también a trabajar en su actitud. No le diré que nunca volverá a recibir una ofensa si abre su corazón y deja que entren personas en su vida, pero le puedo prometer que si recibe una ofensa, Jesús, su Sanador, estará con usted para ayudarla una vez más. Si pasamos nuestra vida intentando protegernos para que nunca seamos heridas, también pasaremos nuestra vida en soledad.

El apóstol Pablo escribió a los filipenses, instruyéndoles a dejar que la misma actitud de humildad que hubo en Cristo Jesús estuviera también en ellos (ver Filipenses 2:5-8). La idea de humillarnos ante cualquier persona da miedo porque lo vemos como una debilidad, y suponemos que si mostramos alguna debilidad, se aprovecharán de nosotros. Pero realmente, la mansedumbre y la humildad equivalen a tener fuerza bajo control, no debilidad. Cuando Dave y yo tenemos un desacuerdo sobre una decisión que debemos tomar, no me gusta si no se hace lo que yo pienso, y admitiré que sigo necesitando mucha ayuda de Dios para ceder con una buena actitud. Pero también sé que si hago lo que Dios dice porque es lo correcto, entonces Él siempre cuidará de mí, y Él hará lo mismo con usted.

Parte de la restauración que Dios nos ofrece es tener una actitud saludable, una que sabe cuándo resistir aquellas cosas que no están bien y cuándo ceder y hacer lo que otra persona nos está pidiendo hacer. Estoy muy agradecida con Dios porque ya no tengo que sentir que estoy luchando contra el mundo, intentando conseguir lo que me corresponde legítimamente, y me emociona tener la oportunidad de enseñarle que usted tampoco tiene que vivir así.

Cuando Dios pelea a su lado, ¡usted siempre gana!

Dios quiere pelear sus batallas, y créame cuando digo que cuando Dios pelea a su lado, ¡usted siempre gana!

CAPÍTULO 2

Vivir la mejor vida disponible

En él estaba la vida, y la vida era la luz de la humanidad.

—Juan 1:4

"¡Ah, la buena vida!". Cuando oímos esa frase quizá pensamos en tumbarnos en una playa día tras día, o poder comprar el nuevo automóvil que hemos admirado, o poseer un yate y pescar en cubierta. Pero ese tipo de vida está demostrado que *no* es la mejor porque muchas personas que tienen ese estilo de vida admiten sentirse infelices, solos y desgraciados. Oí que Jay Gould, un millonario estadounidense, tenía mucho dinero, pero cuando se estaba muriendo dijo: "Creo que soy el hombre más desgraciado de la tierra".

No hay nada de malo en tener estas cosas, pero no son la vida; son cosas. Dios nos ofrece verdadera vida a través de Jesucristo: una vida genuina, la mejor vida que cualquiera podría vivir. Nos ofrece una vida en la que estamos bien con Dios, una vida de paz y gozo (ver Romanos 14:17). Jesús dijo que Él vino para que tuviésemos vida en abundancia, hasta el máximo, hasta que rebosemos (ver Juan 10:10).

El mejor tipo de vida solo se encuentra en Dios porque Él es vida, y la vida que nosotros llamamos nuestra es un regalo suyo. ¡Él es el dador de vida!

¿Necesita una actualización?

Hoy día tenemos a nuestra disposición muchos tipos distintos de tecnología, y dos ejemplos son las computadoras y los teléfonos celulares. Las empresas que venden estos aparatos regularmente ofrecen actualizaciones, y la mayoría de nosotros corremos para conseguirlas. No perdemos tiempo, gastamos dinero, esperamos haciendo fila, lo que sea necesario para conseguir la actualización más nueva. Queremos el mejor equipo disponible.

Si somos así de agresivos con la tecnología, ¿por qué no íbamos a querer la mejor vida disponible y ser igual de agresivos para asegurarnos conseguirla? Así como tenemos que aprender a trabajar con la nueva actualización que conseguimos, tenemos que aprender a trabajar con Dios y su plan para nuestras vidas.

Yo he tenido algún tipo de relación con Dios desde que tenía nueve años. Durante ese tiempo he tenido muchas actualizaciones. He seguido aprendiendo cosas y entendiendo mejor lo que tengo a mi disposición mediante mi relación con Él. Y quizá usted no conozca nada, o quizá conozca mucho las Escrituras, pero creo que todos nos quedamos cortos a la hora de vivir plenamente la vida que Dios ha puesto a nuestra disposición mediante Jesucristo, y eso me incluye a mí. Por eso necesitamos seguir creciendo y aprendiendo. Es un proceso que continúa durante toda nuestra vida, y añadiría también que es un proceso que me parece muy emocionante. ¿Por qué no hacer el compromiso ahora mismo de pasar el resto de su vida aprendiendo a disfrutar de la mejor vida que Dios tiene disponible para usted a través de Jesucristo? Efesios 2:10 habla de esa vida cuando dice:

> Porque somos hechura de Dios, creados en Cristo Jesús
> para buenas obras, las cuales Dios dispuso de antemano
> a fin de que las pongamos en práctica.

A veces tenemos tendencia cuando leemos un libro a saltarnos los versículos que usa el autor, así que quiero pedirle que deje de leer un momento y regrese y lea lentamente el versículo que acabo de citar, y piense realmente en lo que le está diciendo.

Permítame darle mi paráfrasis: *Dios nos creó; somos su obra maestra. Debido al pecado vivimos vidas quebrantadas, pero mediante la salvación que se nos ofrece en Jesús nacemos de nuevo, o somos hecho nuevos otra vez. Comenzamos de nuevo y aprendemos a hacer bien las cosas. Dios siempre ha tenido un buen plan para su pueblo y siempre lo tendrá. Está disponible para cualquiera que lo escoja y aprenda a caminar en él.*

Yo recibí una importante actualización en 1976. Incluso se podría decir que fue una reparación del sistema completo, y llegó como resultado de clamar a Dios por un cambio porque estaba harta y cansada de sentirme tan desgraciada. Él respondió a mi clamor dándome un deseo genuino de estudiar su Palabra y comenzar a aprender lo que había a mi disposición. Antes de este tiempo, había sido cristiana durante muchos años, asistiendo a la iglesia e intentando ser buena. Como muchas personas, tenía una idea equivocada acerca de lo que significaba ser cristiana. A menudo lo reducimos a asistir a la iglesia, quizá poner algo de dinero en la ofrenda, hacer una oración cuando estamos desesperadas, quizá leer unos cuantos versículos de vez en cuando e intentar ser buenas. Pero ese tipo de vida nunca es satisfactoria; lo único que hace es dejarnos frustradas. Nos confundimos porque pensamos que estamos haciendo lo que se debe hacer, pero nuestra vida sigue siendo bastante desgraciada.

No fue hasta que estudié la Palabra de Dios y apliqué lo que estaba aprendiendo, que empezaron a producirse cambios asombrosos, en mi alma. Admitiré que no siempre fue rápido o fácil, y a menudo era doloroso, especialmente en lo emocional. Por ejemplo, tuve que admitir mis fallos y dejar de culpar de todos mis problemas a mi pasado y a otras personas, ¡y eso me costó mucho! Porque cuando una persona ha vivido en negación durante un largo periodo de tiempo, no es siempre fácil afrontar la verdad. Es parecido a conseguir la nueva actualización para su teléfono. Lo quería, pero una vez que lo tiene, quizá no se preocupó de aprender todas las nuevas características porque es más fácil hacer lo que siempre ha hecho. Al menos eso es lo que yo hago.

No me puedo ni imaginar todo lo que podría hacer con mi computadora y mi teléfono si me tomara el tiempo de aprender bien todos los nuevos elementos y practicarlos hasta que sea buena usándolos. De vez en cuando, mi hijo tiene que ayudarme con algo que se ha liado en mi computadora, y cuando ve algunos de los métodos anticuados que sigo usando, aunque tengo un equipo nuevo, simplemente dice: "No tienes idea de lo fácil que te resultaría si aprendieras a hacer las cosas de la forma nueva".

Una nueva manera de vivir

Jesús dijo que Él es el camino (ver Juan 14:6). En los primeros tiempos del cristianismo, a menudo se le llamaba "el camino". El plan de Dios incluye una forma de vivir que nos llevará a todo lo bueno que Él ofrece. Este plan comienza al recibir a Jesús como nuestro Salvador. Podemos asistir fielmente a la iglesia y aun así no ser cristianas. El cristianismo no es meramente pertenecer a una iglesia e intentar ser una buena persona, sino que se trata de Jesús y de lo que Él ha hecho por

> *El cristianismo no es meramente pertenecer a una iglesia e intentar ser una buena persona.*

nosotros. Él se nos ofrece a sí mismo como el sacrificio y pago de nuestros pecados y culpa, y cuando lo recibimos, realmente viene mediante su Espíritu para vivir, habitar y hacer su hogar en nosotros. Cuando usted nace de nuevo (se arrepiente del pecado y recibe a Jesús como su Salvador), ya no necesita guiarse por reglas y estipulaciones, esperando conseguir alguna recompensa de Dios si las cumple todas, sino que puede ser guiada e impulsada por el Espíritu Santo, quien la guiará hacia el plan completo de Dios para su vida. Verdaderamente es una forma de vida totalmente nueva.

El libro de Hebreos en el Nuevo Testamento habla sobre el camino nuevo y vivo que Jesús abrió mediante su muerte y resurrección (ver Hebreos 10:20). Hay cosas que aprender de la nueva manera de vivir que nos parecerán incómodas o quizá un tanto inusuales, porque son distintas a todo lo que habíamos aprendido hasta ahora. Una de esas cosas es la instrucción de Dios de perdonar a nuestros enemigos, a los que abusaron de nosotras, y de llegar a amarlos y bendecirlos. ¡Caramba! Eso fue difícil para mí. ¿Perdonar a mi padre, que había robado mi infancia al usarme como un medio para desahogar su propia lujuria? ¿Perdonar a mi madre? Ella sabía lo que mi padre me estaba haciendo, y en lugar de rescatarme, fingió no saber nada y me trató como si fuera yo la que estaba haciendo algo mal. Perdonarles me parecía algo totalmente irracional, y tardé mucho tiempo en llegar a estar dispuesta a hacerlo, e incluso entonces fue doloroso.

Esta es solo una de las muchas cosas que Dios me ha mostrado acerca de esta nueva manera de vivir, y por eso digo que es una jornada de toda una vida. Sigo aprendiendo. Pero quiero ser muy clara en que cada sendero por el que me ha guiado el Espíritu Santo en este nuevo camino, ha terminado llevándome siempre a un lugar mejor que aquel en el que estaba previamente. Dios nunca nos pedirá hacer algo difícil a menos que eso nos conduzca a una vida mejor. Si puede comenzar su jornada creyendo eso, quizá hará que su viaje sea más corto de lo que fue el mío.

Como en nuestros programas de computadora, aprender la forma nueva puede ser un desafío, y quizá sea tentador volver a hacer las cosas como antes, pero si persistimos en el camino nuevo, esto nos llevará a un mayor fruto y descanso. A lo largo de este libro compartiré muchas de las formas nuevas que Dios le está ofreciendo, y sinceramente oro para que se aproveche de cada una de ellas.

Amar la Palabra de Dios

Amo mi Biblia. Es mucho más que un mero libro; está lleno de vida. Nos enseña la nueva manera de vivir, y en el proceso comenzamos a experimentar sanidad para nuestras almas heridas y esperanza para el futuro. Salomón escribió sobre la sanidad que se halla en seguir la instrucción de Dios cuando dijo:

> Hijo mío, atiende a mis consejos; escucha atentamente lo que digo. No pierdas de vista mis palabras; guárdalas muy dentro de tu corazón. Ellas dan vida a quienes las hallan; son la salud del cuerpo. (Proverbios 4:20-22)

Las palabras de Dios son vida para nosotras y traen sanidad a cada área de nuestro ser, incluyendo nuestra vida interior (alma). Todo nuestro ser es sanado mediante el poder vivificante de la Palabra de Dios. Su Palabra hará cosas asombrosas en nuestra vida si lo creemos. La Palabra de Dios renueva nuestra mente y nos enseña una manera totalmente nueva de pensar en Dios, la vida, nosotras mismas y otras personas.

Como muchas personas, yo antes pensaba que sabía mucho, pero la mayor parte de lo que había aprendido antes de estudiar la Palabra de Dios era erróneo. Sabía lo que el mundo me había enseñado, y sabía lo que sentía, pero no sabía nada de la nueva manera de vivir que Dios quería enseñarme. La Palabra de Dios es una luz para su camino (ver Salmos 119:105). Estúdiela y haga lo que dice que haga, y será sanada y restablecida.

La Palabra de Dios es medicina para nuestras almas heridas. Quizá se pregunte: "¿Cómo es posible que estudiar un libro se convierta en medicina para las heridas emocionales de mi pasado?". Permítame explicárselo usando un ejemplo. Si usted va a la farmacia con una receta, se lleva un medicamento a casa y se lo toma. Dentro de las pastillas hay medicina que promete sanar su infección, aliviar su dolor o sanar lo que le esté aquejando. Usted se toma la medicina diligentemente, y si sigue teniendo problemas, la sigue tomando durante más tiempo. La Palabra de Dios también está llena de poder sanador y vivificante. Puede parecer un libro con palabras y páginas, pero cuando la toma diligentemente y la cree, verdaderamente tiene un poder sanador asombroso.

> *La Palabra de Dios es medicina para nuestras almas heridas.*

La Palabra de Dios está llena de promesas para quienes actúan según lo que Él dice que hagamos, y estas promesas son para todo aquel que cree y pone su confianza en Él.

Si estudiar la Biblia le parece desmoralizante, o si quizá cree que nunca podrá entenderla, le sugiero que se una a un grupo de personas que estén en el mismo camino que usted y la estudien juntos. Busque una iglesia que tenga una buena reputación en la enseñanza bíblica, con un líder que tenga experiencia en las áreas en las que usted necesita ayuda.

Otra forma en la que podría recibir ayuda es mediante una terapia de grupo, algo que ha ayudado a muchas personas, y le da una oportunidad de estar con personas que pueden verdaderamente sentir empatía con lo que usted está pasando. Si no puede encontrar un grupo así, le puedo asegurar que el Espíritu Santo la guiará a Él mismo, como individuo, como hizo conmigo. Yo me recuperé leyendo varios libros con base bíblica sobre las áreas en las que necesitaba ayuda, así como estudiando la Biblia, recibiendo una buena enseñanza en mi iglesia, y orando y teniendo comunión con Dios.

Si necesita sanidad para su alma y no sabe dónde ir a conseguir ayuda, le sugiero que le pida a Dios que la guíe por el camino de sanidad que Él ha preparado para usted. Él la guiará así como lo hizo conmigo, y con millones de personas más. Al seguir su guía, experimentará la misma sanidad y plenitud que tenemos.

La meta de cada persona herida es ser sanada, y se pueden tomar varios caminos. Es muy importante que escoja un camino que esté basado en la Palabra y las promesas de Dios; de lo contrario, podría terminar aún más frustrada por dedicar tiempo, esfuerzo y quizá mucho dinero a algo que nunca producirá buenos resultados. Conozco a personas que han pagado cientos de miles de dólares en programas de tratamientos que prometían sanidad y liberación, y sin embargo nunca mejoraron hasta que aceptaron a Jesús en sus vidas y comenzaron a depender de Él y a seguir sus caminos.

Lo importante es que usted tome la decisión de conseguir la ayuda que necesita, especialmente si es alguien que está viviendo con heridas y moratones en su alma producidos por situaciones pasadas o presentes que necesitan ser sanadas. Le espera una vida maravillosa, llena de paz y gozo, esperanza y entusiasmo. ¡Es una vida que no se debe perder!

CAPÍTULO 3

Dios quiere a los heridos

Una vida sin heridas no se parece a la del Rabí.

—Brennan Manning

Nuestro verdadero problema reside no en ser heridas sino en si estamos dispuestas o no a ser sanadas. Dios verdaderamente usa nuestras heridas para darnos sabiduría y equiparnos para llevar luz a la oscuridad de otras almas heridas. Brennan Manning dijo: "En un vano intento de borrar nuestro pasado, privamos a la comunidad de nuestro don sanador. Si ocultamos nuestras heridas por temor y vergüenza, nuestra oscuridad interior, ni puede ser iluminada ni tampoco convertirse en una luz para otros".[14]

> *Nuestro verdadero problema reside no en ser heridas sino en si estamos dispuestas o no a ser sanadas.*

Dios quiere soldados en su ejército que le hayan permitido a Él sanar sus almas heridas. Al margen de quién la haya rechazado en el pasado, le puedo asegurar que Jesús no la rechazará. Si alguna vez ha sentido que Dios nunca podría usarla debido a su pasado, considere lo que escribió Pablo a la iglesia en Corinto:

Hermanos, consideren su propio llamamiento: No muchos de ustedes son sabios, según criterios meramente humanos; ni son muchos los poderosos ni muchos los de noble cuna. (1 Corintios 1:26)

Quizá le falta la educación académica que la calificaría para obtener ciertas posiciones, pero su educación formal no es tan importante para Dios. Él puede usarla con o sin ella. Quizá no conoce a ninguna persona influyente o poderosa, pero eso no importa porque Dios puede darle favor. "Pero el Señor le dijo a Samuel:—No te dejes impresionar por su apariencia ni por su estatura, pues yo lo he rechazado. La gente se fija en las apariencias, pero yo me fijo en el corazón" (1 Samuel 16:7). Y también dice:

> Pero Dios escogió lo insensato del mundo para avergonzar a los sabios, y escogió lo débil del mundo para avergonzar a los poderosos. También escogió Dios lo más bajo y despreciado, y lo que no es nada, para anular lo que es. (1 Corintios 1:27-28)

Dios escoge deliberadamente a quienes han sido heridos para trabajar en el ejército de su reino. Él obra mediante sus heridas y debilidades, y así la gente puede ver su poder. Cuando las personas del mundo piensan que son fuertes y que tienen todas las calificaciones que necesitan, pero no se apoyan ni confían en Dios, Él a menudo tiene que pasarlos por alto y en su lugar escoger a alguien que está menos cualificado, desde una perspectiva del mundo, pero que depende totalmente de Él en todas las áreas de su vida. Al poner su confianza en Dios, puede llegar el día en que incluso las personas que le hirieron serán testigos de las cosas poderosas que Dios ha hecho en su vida y a través de usted como instrumento de Él.

Tener experiencia es un beneficio, pero obtener la experiencia es doloroso. En vez de pensar en lo mucho que ha tenido que pasar en la vida, que ha sido doloroso, ¿por qué no piensa en toda la experiencia que tiene ahora y todas las oportunidades que tiene delante como hija de Dios? Recuerde: con Dios no hay rechazos. Por eso Jesús dijo:

> El que cree en él no es condenado... (Juan 3:18)

Si fuera a entrevistarse para un trabajo, una pregunta que le garantizo que estaría en su entrevista sería: "¿Cuánta experiencia tiene?". El contratante probablemente estará interesado en su nivel de educación académica, pero si dos personas quieren ese trabajo y tienen la misma educación, pero una de ellas tiene experiencia en esa área de trabajo y la otra no, seguro que la que consigue el trabajo es la que tiene la experiencia.

La experiencia nos da algo que no nos puede dar ninguna otra cosa. Aprendemos mediante la Palabra de Dios y la experiencia de la vida (ver Proverbios 3:13). Es fácil hablar de algo, pero solo la experiencia hace que lo que decimos valga la pena ser escuchado. El mundo está lleno de personas que juzgan con respecto a cosas de las que no saben nada e intentan enseñar a los demás sobre asuntos que nunca han vivido.

> *Es fácil hablar de algo, pero solo la experiencia hace que lo que decimos valga la pena ser escuchado.*

Recuerdo a una psicóloga que me dijo que ella se sentaba con sus pacientes y hablaba y hablaba mientras se daba cuenta de que realmente no les estaba ayudando, y a veces incluso sentía que no sabía de lo que estaba hablando. Tras leer mi libro original sobre sanidad interior, *Belleza en lugar de cenizas*, y mi primer libro sobre la mente, *El campo de batalla de la mente*, me dijo que escuchaba a las personas que acudían a ella, las dejaba hablar sobre su dolor, y cuando llegaba el momento de ofrecer un consejo les recomendaba estos dos libros. Ella había estudiado psicología, pero yo tenía la experiencia; por lo tanto, su educación y mi experiencia trabajaron de la mano para ayudar a sus pacientes.

No estoy sugiriendo que todos los psicólogos y psiquiatras tengan que tener experiencia en todo lo que sus pacientes han vivido, pero creo que aprovecharían mejor su educación académica si han tenido que aplicar a sus propias vidas los principios que están enseñando.

Tendemos a menospreciar las cosas dolorosas que nos han acontecido en la vida, pero Dios puede usarlas para ayudar a otros si se lo permitimos. No creo ni por un instante que Dios planificara mis abusos para poder darme algo de experiencia, pero sí creo que Él ha usado mi experiencia para ayudar a otras personas, y hará lo mismo con su experiencia en la vida.

Dios usa a todo aquel que está dispuesto a ser usado por Él, pero hay algunas posiciones en la obra del reino que solo los experimentados pueden ocupar. Si alguien está herido, es muy frustrante e inútil intentar hablarle de ello si puede ver claramente que esa persona no tiene ni la menor idea de lo que está viviendo. Cuando estamos heridas necesitamos empatía, y la mejor persona para darnos eso es alguien que haya estado donde nosotras estamos.

¿Qué hace que Jesús pueda ayudarnos?

Su primera reacción a esta pregunta podría ser: "Bueno, Joyce, Él es el Hijo de Dios. ¿No es eso suficiente?". Pero la Biblia dice que Jesús escogió experimentar nuestro dolor.

> Aunque era Hijo, mediante el sufrimiento aprendió a obedecer; y, consumada su perfección, llegó a ser autor de salvación eterna para todos los que le obedecen.
> (Hebreos 5:8-9)

Estos dos versículos me dicen mucho no solo acerca de Jesús sino también de mi propia vida. Jesús necesitaba la experiencia para ser nuestro Sumo Sacerdote a fin de poder decir verdaderamente que entendía nuestro dolor. Mi experiencia con el poder sanador de Jesús me permitió poder decir osadamente a otras personas que Jesús sanaría su alma herida así como sanó la mía.

Jesús sufrió. Él obtuvo experiencia, y eso lo equipó para lo que su Padre quería que hiciera. Pablo escribió que nosotros tenemos un sumo sacerdote que es capaz de "entender y empatizar y tener un sentimiento compartido de nuestras debilidades", porque ha pasado por las cosas que nosotras estamos experimentando ahora (ver Hebreos 4:15). Me maravilla cada vez que leo y medito en estos versículos, y me dan esperanza para saber que lo que he vivido será usado para ayudar a otras personas.

Dios es bueno y, por lo tanto, puede tomar lo que Satanás quiso que fuera para mal y sacar algo bueno de ello para nosotras y para otras personas que necesiten ayuda. Somos soldados en el poderoso ejército de Dios, pero en lugar de poner a sus soldados heridos en un hospital, Él los asciende hasta posiciones de mayor poder e influencia.

Cuando Moisés llegó a un punto en su vida en el que necesitó ayuda, Dios le dijo que buscara hombres sabios, entendidos, experimentados y respetados, y que los ascendiera (Deuteronomio 1:13). Le insto en este momento a ofrecer su experiencia a Dios para que Él la use, si es que nunca lo ha hecho. Recuerdo claramente decirle a Dios: "Soy un desastre, pero soy tuya si puedes usarme", y Él lo hizo. Cualquier cosa que le entreguemos a Dios nunca será desperdiciada. Él toma los pedazos rotos de nuestras vidas y hace cosas hermosas. Él nos da belleza en lugar de cenizas. Elisabeth Elliot dijo: "De una cosa estoy segura, y es que la historia de Dios nunca termina en cenizas".[15]

> *La historia de Dios nunca termina en cenizas.*

Esta frase me toca profundamente y me da esperanza. Puede que comencemos con cenizas, pero cuando se las entregamos a Jesús, Él hace algo hermoso. No deje que su dolor se desperdicie llevando una vida de amargura y rencor porque siente que le han tratado injustamente. En su lugar, haga de su experiencia una herramienta valiosa para ayudar a otros.

Dios le dio esta palabra a Isaías para que se la diera al pueblo que tenía miedo a causa de las cosas dolorosas que estaban experimentando:

> Te convertiré en una trilladora nueva y afilada, de doble filo. Trillarás las montañas y las harás polvo; convertirás en paja las colinas. Las aventarás y se las llevará el viento; ¡un vendaval las dispersará! Pero tú te alegrarás en el Señor, te gloriarás en el Santo de Israel. Los pobres y los necesitados buscan agua, pero no la encuentran; la sed les ha resecado la lengua. Pero yo, el Señor, les responderé; yo, el Dios de Israel, no los abandonaré. (Isaías 41:15-17)

Si lee este pasaje con atención, verá que Dios promete tomarle y convertirle en una herramienta valiosa que pueda ser usada para ayudar a quienes estén buscando ayuda. Me encanta la idea de ser una trilladora nueva y afilada que se pueda usar para hacer polvo las montañas de tal manera que el viento pueda soplarlas y llevárselas. Multitudes de personas tienen montañas amenazantes delante de ellas que les hacen sentir que nunca podrán superar, pero usted puede usar su experiencia para ayudarles.

Experiencias santificadas

El salmista David habló sobre experiencias santificadas que tuvo (vividas como debía hacerlo; ver Salmos 119:7, NTV). La palabra *santificado* significa apartado para los usos de Dios, consagrado o declarado santo. Las cosas dolorosas e injustas que nos suceden en la vida no vienen de Dios, pero Él puede santificarlas para su propio uso. Me encanta esta idea. Satanás es nuestro verdadero enemigo, y en realidad él está detrás de todo nuestro dolor y sufrimiento, pero al permitir que Dios santifique esos dolores y los use para ayudar a otros, habremos encontrado el secreto para vencer el mal con el bien (ver Romanos 12:21).

Si no le gusta lo que el diablo ha hecho en su vida o la destrucción que ha causado, entonces no se ponga en sus manos guardando rencor, ira y llenándose de autocompasión. En cambio, deje que Dios santifique su dolor, y verá el cumplimiento del versículo que dice que aunque el enemigo venga contra usted por un camino, huirá delante de usted por siete caminos (ver Deuteronomio 28:7). No tiene que pasar su vida huyendo del dolor de su pasado; puede hacer que el diablo (su verdadero enemigo) huya.

Hay muchas cosas distintas que les ocurren a las mujeres y que hieren su alma, pero ninguna de ellas tiene por qué malgastarse. Esta es una breve lista de algunas de las cosas que nos hieren:

- Abuso de cualquier tipo
- Acoso

- Maltrato de un cónyuge violento
- Un esposo infiel
- Muerte de un hijo o un cónyuge
- Enfermedad larga
- Divorcio
- Estrés de ser la cuidadora
- Rechazo
- Ser marginada (por un padre, cónyuge, amiga o jefe)
- Traición de una amiga
- Ser objeto de chismes o mentiras
- Un hijo enfermo o sufriendo dolor
- Un ser querido que va por un camino destructivo en la vida
- Prejuicio
- Ser víctima de un delito
- No poder tener hijos
- Problemas de peso, acné o alguna otra imperfección física
- Sentir que no es suficiente, nunca lo suficientemente inteligente, guapa o buena

Cualquiera de estas violaciones puede ser redimida por Dios y usada para su gloria. No hay nada que la haya herido que la pueda marcar de por vida. No hay nada de lo que no se pueda recuperar, y nada que Dios no pueda sanar.

> *No hay nada que Dios no pueda sanar.*

Marcada de por vida

El abuso puede ser sexual, emocional, mental o físico. El abuso de cualquier tipo es dañino, pero se dice que la violación sexual es la más destructiva para el alma de una mujer. El abuso infantil físico, emocional o sexual se dice que marca el cerebro de las mujeres en ciertos patrones. Oír esto podría dejar a una persona sintiendo que estaría marcada de forma negativa para el resto de su vida, pero tengo buenas noticias: somos marcadas, apartadas y selladas por el Espíritu Santo, y somos preservadas para el uso especial de Dios al margen de lo que hayamos vivido.

> En él también ustedes, cuando oyeron el mensaje de la verdad, el evangelio que les trajo la salvación, y lo creyeron, fueron marcados con el sello que es el Espíritu Santo prometido. Este garantiza nuestra herencia hasta que llegue la redención final del pueblo adquirido por Dios, para alabanza de su gloria. (Efesios 1:13-14)

El sello del Espíritu Santo garantiza que seremos totalmente redimidas y adquiriremos la posesión completa de nuestra herencia en Cristo. No importa cuán heridas estemos cuando comenzamos nuestra jornada hacia la recuperación, Dios ha garantizado nuestro éxito mientras no nos rindamos. Él recoge los fragmentos de nuestras vidas rotas y se asegura de que no se desperdicie nada.

Para entender mejor todo el significado de lo que representa el sello del Espíritu Santo, permítame contarle una pequeña historia de cuando Pablo escribió la carta a los efesios. Éfeso era una ciudad con muchas empresas de explotación forestal. Los trabajadores iban a los bosques subiendo río arriba contracorriente y cortaban troncos que marcaban con el sello de la empresa que realizaba el trabajo. Esos troncos iban flotando río abajo y llegaban a los puertos en Éfeso hasta que sus dueños los necesitaban para alguna obra. Como estaban marcados con un sello que representaba su propiedad, estaban protegidos del robo.

Nosotras hemos sido compradas por precio, y ese precio es la sangre de Jesús; hemos sido selladas con el Espíritu Santo para protegernos mientras esperamos nuestra total redención. El diablo viene solo para robar, matar y destruir, pero Jesús vino para que pudiéramos tener vida y disfrutarla (ver Juan 10:10).

> *Usted ha sido sellada y marcada por Dios.*

Usted ha sido sellada y marcada por Dios. Es de Él, y está a salvo.

Una de las cosas que las mujeres quieren es sentirse seguras, y yo quiero que sepa que usted está segura con Dios.

Usted ha sido apartada (santificada) para uso de Dios, y eso incluye cualquier cosa que haya sufrido que fuera dolorosa o dañina. Le insto a soltar todo su dolor y heridas del pasado a los pies del Espíritu Santo y pedirle que comience su proyecto de restauración en su vida. No malgaste su dolor; deje que Dios lo use para su bien.

CAPÍTULO 4

¿Qué es un alma saludable?

*Solo en Dios halla descanso mi alma; de él viene mi
salvación.*

—Salmos 62:1

El alma de una mujer herida es un lugar bastante misterioso
porque no se puede ver y raras veces se entiende, incluso ni la
mujer misma. Aun así, tiene un lugar de importancia en nuestra
composición general. Sabemos lo que es nuestro cuerpo porque
lo único que tenemos que hacer es mirarnos en el espejo y verlo.
Quizá no nos guste lo que vemos, pero al menos sabemos lo que
es. Somos seres espirituales que tenemos un alma y vivimos en
un cuerpo. Su ser interior está compuesto por su espíritu y su
alma, y su ser exterior es su cuerpo.

Es en el espíritu de una mujer donde viene a vivir el Espíritu
Santo cuando ella nace de nuevo. Cuando recibe a Jesús como su
Salvador, su espíritu se convierte en la morada de Dios, y como
Dios no puede estar en un lugar que no sea completamente santo,
el espíritu humano es santificado, o hecho santo, en ese momento.
Realmente recibimos todo lo que necesitamos para vivir vidas
asombrosamente maravillosas en ese punto, pero como nos falta
el conocimiento, se necesita tiempo y estudio diligente de la Palabra de Dios para que lo podamos entender. E incluso después de
saber lo que tenemos, aún necesitamos tomar decisiones para

actuar en consonancia. Saberlo es el primer paso, pero es necesario dar el segundo paso, que es hacer lo que ahora sabemos.

Por ejemplo, Jesús es el Príncipe de paz, así que como Él está viviendo en la mujer de Dios, ella ahora tiene la paz a su disposición, y sin embargo puede que se siga preocupando, sintiendo ansiedad y mostrando emociones que son erráticas. Ser errática es ser inestable, impredecible, incoherente, cambiable o irregular. Una vez que decide que no quiere seguir viviendo y comportándose así, siendo manipulada por sus circunstancias, comenzará el proceso de volver a entrenar la parte emocional de su alma para que se someta a la guía del Espíritu Santo que está dentro de ella. Tendrá que confiar en Dios para que le dé la fuerza para obedecerlo, y si ella ha sido totalmente independiente, esto puede tomar algo de tiempo y podría incluso necesitar varios intentos fallidos en cuanto a mantenerse en paz en las tormentas de la vida antes de comenzar a ver cambios en ella.

Para no desanimarnos, es importante recordar que Dios ha prometido que perfeccionará la buena obra que ha comenzado en nosotras (ver Filipenses 1:6). Nuestra parte es proseguir hacia la meta y no rendirnos nunca. Finalmente, poco a poco, nuestra alma encontrará su descanso en Dios.

Sabemos lo que es sentarse o tumbarse y descansar nuestro cuerpo, pero quizá no sepamos lo que es descansar internamente, en el ámbito del alma. Cuando estemos en total descanso de mente, voluntad y emociones, entonces, y solo entonces, seremos libres de la tiranía de las circunstancias y las personas que nos decepcionan. No podemos controlar todas las circunstancias de la vida, o a las personas que hay en nuestra vida, pero Dios nos ha dado el fruto del dominio propio, y con su ayuda podemos aprender a controlar nuestra respuesta a lo que ocurre a nuestro alrededor. Esto es verdadera libertad.

Un alma saludable está descansada; no está emocionalmente angustiada. No se preocupa ni se vuelve ansiosa, temerosa o asustadiza. No está cargada con culpa o vergüenza. Ha encontrado su hogar en Dios y confía en que Él cuida de todo lo que le preocupa. Ciertamente, en nuestro mundo de hoy hay abundancia de cosas por las que preocuparse. Si es usted una madre soltera intentando criar hijos por sí sola, o tiene un hijo con necesidades especiales, o está continuamente bajo presión económica, sufriendo enfermedades o está cuidando de sus padres ancianos, puede sonar absurdo decir: "Puede tener descanso en su alma". Si se siente así, entiendo totalmente cómo se siente. Pero nada es imposible para Dios, y usted puede tener un descanso sobrenatural que solo Él puede dar.

Responsabilidad

Todas tenemos muchas responsabilidades y no podemos ignorarlo. Las mujeres se ocupan de muchas cosas, incluso aunque tengan buenos esposos, pero para una mamá soltera esa responsabilidad se multiplica. Una mujer dice que se va a la cama y termina haciendo diez cosas pequeñas mientras va de camino, pero un hombre dice que se va a la cama y lo hace. Una de mis hijas tiene cuatro hijos adolescentes. Yo tuve tres adolescentes y un bebé hace treinta y siete años cuando estaba comenzando en el ministerio, así que sé lo desafiante que puede ser. Pero la vida no era tan complicada como lo es hoy.

Yo veo a mi hija ir de una situación a otra y a otra, y parece que es algo que ocurre todos los días. Su esposo se fue a pescar, y ella pensó que tendría unos días en su casa que serían algo más calmados. Planificó algo de tiempo para ella, y estaba emocionada. El primer día que pensó que finalmente estaba sola, llamaron de la escuela; una de sus hijas estaba enferma y tenía que ir a recogerla. Después su hijo que está en la universidad llegó a casa por la tarde y quería llevar a su novia. Su tiempo a solas nunca llegó. La vida siguió su curso.

Tenemos responsabilidades. Dios nos invita a echar sobre Él nuestra ansiedad, no a ignorar nuestras responsabilidades (ver 1 Pedro 5:7). Es asombroso cómo las cosas son mucho más fáciles cuando las hacemos sin el estrés que normalmente acarrea nuestra alma. Creo que nuestra energía realmente aumenta mucho cuando estamos descansadas en nuestra alma y tenemos paz interior. No conozco otra forma de deshacerme del estrés que experimentamos hoy día que no sea aprender a confiar en Dios en todo tiempo, en todas las cosas.

> *Dios nos invita a echar sobre Él nuestra ansiedad, no a ignorar nuestras responsabilidades.*

Jesús dijo que si acudíamos a Él, daría descanso a nuestra alma.

> Vengan a mí todos ustedes que están cansados y agobiados, y yo les daré descanso. (Mateo 11:28)

Si leemos el siguiente versículo, vemos que disfrutar de su descanso depende de que aprendamos sus caminos.

> Carguen con mi yugo y aprendan de mí, pues yo soy apacible y humilde de corazón, y encontrarán descanso para su alma. (Mateo 11:29)

Me gustaría sugerirle que se detenga un momento y vuelva a leer varias veces estos dos versículos, y reflexione detenidamente en lo que Jesús le está diciendo. ¡Hay descanso para su alma! Paz, en su mente, sus emociones y su voluntad, es algo que tiene a su disposición.

Yo no siempre sigo mi propio consejo, y recientemente me di el lujo de decepcionarme y preocuparme por una situación. Solo faltaban unas horas para prepararme para ministrar en un evento, y ese es el peor momento para yo decepcionarme, pero lo hice. Una situación no se manejó apropiadamente y eso me afectó de forma adversa, y yo era la única en ese momento que podía manejar tal situación. Pero si era sincera conmigo misma, lo cual no siempre es fácil, me hubiera dado cuenta de que aunque era una responsabilidad que no podía ignorar, no tenía que ocuparme de ello justo en ese instante. Terminé llegando al límite de mi tolerancia antes de enseñar en una gran conferencia, y aunque Dios fue misericordioso conmigo y resultó en un buen tiempo para las personas, yo perdí la paz habitual y la fluidez a la que estoy acostumbrada cuando ministro. Fue más difícil para mí enseñar y más fácil pensar que mi mensaje no era muy bueno. Seguí mirando al reloj, queriendo que mi tiempo de intervención se terminara, y cuando tengo ganas de terminar, sé que tengo un problema.

Quería compartir esto con usted porque es importante que se dé cuenta de que no importa quién sea usted o cuánto progreso haya realizado, a veces caerá en viejos patrones. Parece que esto es especialmente cierto con nuestros pensamientos y emociones. Recuerde siempre que Dios es misericordioso, y sea cual sea el error que cometa, no es algo que vaya a sorprender a Dios o a dejarlo estupefacto. Él ya sabía lo que usted haría antes de que lo hiciera, y aun así la sigue amando. ¡Con Dios siempre hay una oportunidad para un nuevo comienzo!

Crea las promesas de Dios

El libro de Hebreos dice que es creyendo como aprendemos a entrar en el descanso de Dios (ver 4:3, 10). Cuando ponemos nuestra fe, confianza y dependencia en Dios y sus promesas para nosotros, comenzamos a experimentar un alma saludable.

La voluntad del hombre es parte del alma, y tenemos que usar nuestro libre albedrío para escoger la voluntad de Dios. Si, por ejemplo, la Palabra de Dios nos dice que no hagamos algo y aun así lo hacemos, no tendremos descanso en nuestra alma hasta que nos arrepintamos y recibamos el perdón de Dios. La obstinación y el descanso de Dios no se llevan muy bien. Dios quiere que creamos de verdad lo que Él dice, porque cuando lo hagamos, le obedeceremos. Cuando eso ocurra, tendremos descanso para nuestra alma. Creo

> *La obstinación y el descanso de Dios no se llevan muy bien.*

que es seguro decir que todas comenzamos nuestra jornada con Dios llenas de obstinación, y cambiar eso por la voluntad de Dios requiere mucho tiempo y a menudo es un proceso doloroso. Los bebés espirituales no son distintos de los bebés humanos. Ambos quieren las cosas a su manera y se portan mal si no lo consiguen. Así como entrenamos a nuestros hijos, Dios nos entrena a nosotras.

Si usted necesita sanidad para su alma herida, por favor créame cuando le digo que sé por experiencia propia que la manera de Dios es la mejor manera de hacer las cosas. He aprendido a ceder a la voluntad de Dios por muchos años y sigo aprendiendo a soltar algunas cosas, pero cada vez que confío en Dios lo suficiente para hacer lo que Él dice, mi vida se torna cada vez mejor. Mi alma disfruta de más descanso.

Creer (confiar en Dios) es la única entrada al descanso de Dios. Mientras más confiamos en Dios, más fácil se vuelve la vida porque descubrimos que lo que le entregamos a Él, Dios se ocupa de ello. Puede que no lo haga cuando nosotras queremos o como nosotras lo hubiéramos hecho, pero Él se ocupa y siempre se ocupará de nosotras porque nos ama incondicionalmente.

Tome la decisión ahora mismo de creer a Dios más de lo que cree en cómo se siente, qué quiere o qué piensa.

Tome la decisión ahora mismo de creer a Dios más de lo que cree en cómo se siente, qué quiere o qué piensa. Sus promesas son mayores y más dignas de nuestra confianza que cualquier otra cosa. Todo lo demás son arenas movedizas, pero su Palabra es eterna y permanece para siempre.

Todas estamos edificando una vida, y los cimientos sobre los que la construimos son más importantes que los cimientos sobre los que construimos nuestra casa. ¿Sobre cuáles fundamentos está edificando su vida? ¿Son la opinión popular, o lo que usted piensa y siente, o lo que la gente dice? Si es cualquiera de estas cosas, está edificando sobre un terreno inestable. Jesús contó una parábola para que entendiéramos este punto.

> Por tanto, todo el que me oye estas palabras y las pone en práctica es como un hombre prudente que construyó su casa sobre la roca. Cayeron las lluvias, crecieron los ríos, y soplaron los vientos y azotaron aquella casa; con todo, la casa no se derrumbó porque estaba cimentada sobre la roca. Pero todo el que me oye estas palabras y no las pone en práctica es como un hombre insensato que construyó su casa sobre la arena. Cayeron las lluvias, crecieron los ríos, soplaron los vientos y azotaron aquella casa. Esta se derrumbó, y grande fue su ruina. (Mateo 7:24-27)

Estos versículos dicen que la lluvia y los ríos llegan de igual forma, ya sea que construyamos sobre la roca de Jesús o sobre la arena. Nadie puede evitar las dificultades y tribulaciones de la vida, pero las personas que han construido su vida sobre los cimientos adecuados (Jesús) superarán las tormentas y seguirán estando de pie.

Cambie su mente

Si quiere un cambio en su vida, tendrá que cambiar su mente. Nuestros pensamientos tienen un efecto asombroso sobre nosotros. El apóstol Pablo enseña que Dios tiene un plan maravilloso para nuestra vida, pero para verlo suceder, debemos haber renovado por completo nuestra mente.

> No se amolden al mundo actual, sino sean transformados mediante la renovación de su mente. Así podrán comprobar cuál es la voluntad de Dios, buena, agradable y perfecta. (Romanos 12:2)

Si tiene su alma herida, estoy segura de que gran parte de su pensamiento no está alineado con la Palabra de Dios. Probablemente más que cualquier otra cosa, Satanás usa nuestros pensamientos para intentar controlarnos. Él puede sugerirnos pensamientos así como lo hizo con Eva, pero no tenemos que recibirlos y tomarlos como propios. Sin embargo, lo haremos si no sabemos que son mentiras que tienen la intención de mantenernos atadas.

Mencioné antes que yo pensaba que por haber sido abusada sexualmente siempre tendría una vida de segunda categoría. Pensaba que era cierto porque no sabía pensar otra cosa. Pero cuando descubrí que Dios dijo que podía dejar atrás mi pasado y disfrutar de un futuro maravilloso, me di cuenta de que mi pensamiento erróneo me estaba manteniendo atada, y el suyo hará exactamente lo mismo con usted.

En capítulos posteriores revelaré muchas de las mentiras que Satanás usa para mantenernos atadas a nuestro dolor del pasado, y creo que cuando vea la verdad, ¡esta le hará libre!

CAPÍTULO 5

¡Ayúdenme! No me entiendo a mí misma

Lo más difícil en la vida es conocerse.

—Tales

¿Alguna vez le ha dicho alguien: "¡No te entiendo absolutamente nada!"? Yo he oído eso muchas veces en mi vida y era incapaz de dar una buena respuesta porque la verdad era que yo misma tampoco me entendía. ¿Hace cosas y se pregunta por qué las ha hecho, o se comporta de cierta forma, quizá incluso repetidamente, y después se pregunta por qué? ¿Y qué hay de las cosas que dice? ¿Suelta palabras que hieren a otros y a la vez ni siquiera está segura de por qué las dijo? Usted y yo quizá no sepamos por qué hacemos todo lo que hacemos, pero hay una razón.

Aprender a entender la raíz de nuestras conductas es vital para cambiarlas. Estudiar la Palabra de Dios nos ayuda a tener perspectiva. Puede revelarnos que tenemos una raíz de temor en nuestra vida que está afectando nuestras acciones y reacciones. Yo crecí arraigada al temor y tuve que aprender que eso me estaba afectando de manera adversa, especialmente en mis relaciones. Mi personalidad es bastante directa,

> *Aprender a entender la raíz de nuestras conductas es vital para cambiarlas.*

así que fue difícil para mí afrontar que muchas de mis reacciones con la gente y con algunas situaciones estaban arraigadas en el temor. A muy pocas personas les gusta admitir que tienen miedo, pero a las personas directas y agresivas como yo realmente no nos gusta admitirlo, porque tiende a hacernos sentir débiles y fuera de control.

Aún hoy quizá tenga una reacción extraña a algo, y si me detengo y le pido a Dios que me muestre por qué dije lo que dije o me comporté de esa manera, a menudo Él me muestra que la fuente era el temor. Pero puedo reaccionar de otra forma ahora a como lo hacía al principio de mi jornada hacia la sanidad de mi alma. Ahora sé que incluso cuando tengo miedo, puedo poner mi confianza en Dios. No tenemos que *ser* miedosas solamente porque *sintamos* el miedo.

El temor es uno de los principales tormentos que el diablo usa contra las personas. Su deseo es controlarnos con él e impedirnos ser la persona que Dios quiere que seamos. El rey David dijo que cuando tenía miedo, ponía su confianza en Dios (ver Salmos 56:3). Era un hombre que tenía una relación maravillosa con Dios, y era un rey con gran poder y autoridad, y sin embargo a veces experimentaba temor. El temor se presenta a sí mismo a todo el mundo, pero no tenemos que dejar que nos controle.

Algunas de mis reacciones insanas estaban arraigadas en la inseguridad, en sentir que no encajaba o que algo estaba mal en mí, y en el temor a ser rechazada. El temor de que se aprovecharan de mí era enorme en mi vida, y eso hacía que no dejara que las personas se me acercaran o, si lo hacía, intentaba mantener el control en cada situación.

Le recomiendo que cuando tenga una reacción mala o inusual con una persona o situación, en vez de pasarla rápidamente, se tome el tiempo de meditar en ello y pídale a Dios que la ayude a entender por qué se comportó como lo hizo. Hacer esto me ha ayudado mucho a llegar a la raíz de problemas en mi vida.

Discernimiento

En el contexto cristiano, el discernimiento es percepción con vistas a la dirección y el entendimiento espiritual.[16] Una definición más práctica sería ver cómo son las cosas verdaderamente y no como parecen ser. Creo que tenemos que entendernos a nosotras mismas, y eso requiere tomar el tiempo para ver el motivo que hay detrás de nuestras conductas en vez de ver solamente la conducta en sí.

Recientemente tuve una mala actitud en una situación. Ni siquiera fue una actitud que se vio, pero en mi corazón sabía que mi actitud no era la que Dios aprobaría, así que me detuve y le pedí a Dios que me mostrara por qué me había sentido así. En cuestión de momentos, oí la palabra *celos* en mi corazón. Al principio no quería creer que tenía celos de alguien, pero vi que era cierto y le pedí a Dios que me ayudara a crecer para no tener ese tipo de actitud. No me sentí condenada por lo que vi, pero realmente me alivió verlo. Recuerde que no siempre puede hacer nada con respecto a algo si no lo ve. No tenga miedo de caminar en la luz con Dios y deje que Él le revele la verdad.

> *No tenga miedo de caminar en la luz con Dios.*

Tú, oh Dios, me has librado de tropiezos, me has librado de la muerte, para que siempre, en tu presencia, camine en la luz de la vida. (Salmos 56:13)

Si no enfrentamos la verdad, no seremos libres de las cosas que roban nuestra paz y gozo. El discernimiento exige que aminoremos la marcha y pensemos más profundamente para llegar a la raíz de nuestras conductas. Descubrir por qué hacemos lo que hacemos es algo muy valioso. A veces es necesario pasar por una crisis para que nos despierte y nos ayude a ver en nosotras mismas lo que otros ven.

Mi conducta no fue buena durante muchos años debido al abuso que sufrí en mi niñez. Después de siete años de casada con Dave, una mañana se estaba preparando para irse a trabajar y yo fui muy grosera e irrespetuosa con él por algo que él quería hacer. Ese tipo de conducta no era algo inusual en mí, pero esa mañana él había llegado al límite de lo que estaba dispuesto a soportar, y dijo: "Joyce, es muy bueno que yo no base mi valía como hombre en cómo tú me tratas y me hablas. Si sigues comportándote así, no estoy seguro de qué haré en el futuro". Tras decir eso, se fue a trabajar. Ese fue un punto de crisis para mí, porque Dave no era un hombre que hiciera amenazas vacías. Teníamos tres hijos, y yo amaba a Dave. No quería que él me dejara, así que decidí hacer realmente un esfuerzo por cambiar.

No recomiendo intentar cambiar sin pedir la ayuda de Dios, porque sin ella no tendrá éxito. Tenemos que dejar que el Espíritu Santo dirija porque Él es nuestro maestro y nuestro guía. Le pedí ayuda a Dios y Él comenzó a poner recursos en mis manos que comenzaron a darme discernimiento, o luz, para entender la raíz de mis problemas.

Algo que fue extremadamente útil para mí fue leer libros sobre los distintos tipos de personalidad. Me asombré al ver lo mucho que aprendí, no solo de mí misma sino también de los demás. Recomiendo mucho que dedique un tiempo a leer algún material relacionado con este tema e incluso que haga un test de personalidad. Muchos de estos tipos de test están disponibles en el Internet, y creo que podría ayudarle a la hora de entenderse a usted misma y su jornada hacia la sanidad.

Cuando hablamos sobre sanar a los quebrantados, pienso que estamos hablando sobre sanar a los quebrantados en su personalidad. La personalidad es una combinación del temperamento natural con el que nacemos mezclado con cosas que nos suceden, especialmente en nuestros años de formación. Yo soy del tipo A, o de personalidad colérica, según el test que hice. Los rasgos de ese tipo de personalidad me describían perfectamente y fueron muy útiles para mí.

El primer libro que leí fue sobre el temperamento guiado por el Espíritu, de Tim LaHaye. (Ahora tiene libros actualizados disponibles sobre el tema). Su libro me reveló que aunque tenía un temperamento de nacimiento, el cual incluía debilidades y fortalezas, podía aprender a ser guiada por el Espíritu en mis respuestas a la gente y a la vida misma.

Una de las debilidades de mi temperamento es el deseo de controlar a las personas y las cosas. La persona colérica es un líder; está feliz tomando el control de cualquier situación y diciendo a los demás lo que deben hacer. Tuve que aprender que este rasgo es bueno si estoy a cargo de algo y tengo que dirigir, pero no es bueno si lo uso para intentar controlar cosas que no me incumben. Ha sido interesante aprender que muchas de nuestras mayores fortalezas también pueden convertirse en grandes debilidades, a menos que aprendamos a seguir los principios de Dios durante nuestra vida.

Aprenda todo lo que pueda sobre usted misma y eso le ayudará a ser más quien verdaderamente es. Creo que todas tenemos un yo fingido, uno que proyectamos al mundo, pero Dios quiere que seamos nosotras mismas, la personas que Él creó.

> *Aprenda todo lo que pueda sobre usted misma y eso le ayudará a ser más quien verdaderamente es.*

No tiene que esperar a una crisis

en su vida para comenzar su jornada de sanidad y bienestar. Cuanto antes comience, más feliz será.

Recientemente hablé con una consejera profesional para prepararme para escribir este libro y le pregunté cómo hace ella para ayudar a personas con el alma herida. Me dijo que lo primero que le enseñaron a hacer es darles un test de personalidad. Fue interesante para mí saber que aunque yo no obtuve consejería profesional, el Espíritu Santo me guió a lo mismo que me habría dado una consejera.

Encontrar su camino

Hay muchos caminos distintos que nos llevan al mismo destino cuando se trata de sanar nuestra alma. No todos tenemos que tomar el mismo camino para encontrar la sanidad que necesitamos. Como somos individuos, Dios nos guiará individualmente, pero quiero hacer algunas sugerencias que pueden ayudarle. Algunas de ellas son negociables y otras no son negociables.

Lo primero que ayudará a traer sanidad a nuestra vida es una relación personal con Dios y un estudio diligente de su Palabra durante toda la vida. Esto es un no negociable. En mi opinión, cualquiera que busque una alma saludable solo podrá encontrarla en la Palabra de Dios y con su ayuda.

Yo recomiendo leer lo más frecuentemente que pueda. Lea libros que estén basados en principios bíblicos y libros escritos por psiquiatras y psicólogos cristianos. Prefiero autores cristianos porque, por lo general, presentan su material desde una perspectiva piadosa. Sin duda, hay otros autores de los que se puede aprender mucho, pero es sabio tener cuidado con lo que introducimos en nuestra alma. Solo porque algo esté escrito en un libro no significa que sea cierto. Yo he leído muchos libros sobre sanidad emocional, y mucho de lo que he aprendido ha sido extremadamente útil para mí, pero alguna vez he leído algo que simplemente no estaba en consonancia con la Palabra de Dios. Afortunadamente supe que no tenía que seguir ese consejo.

Puede que necesite o decida recibir consejería de una profesional o líder espiritual a quien usted respete. En ambos casos creo que lo mejor es conseguir una buena recomendación de alguien antes de comenzar. La terapia es útil para muchas personas porque les da la oportunidad de hablar sobre sus sentimientos y comenzar a entender dónde están arraigados esos sentimientos. Pero si no quiere hacer eso o no encuentra a la persona correcta, no es necesario pensar que se lo perderá. Dios le dará lo que necesite y la llevará a las cosas que le ayudarán, así como lo hizo conmigo.

Las personas reciben la ayuda de formas distintas. Una de las mujeres con las que hablé mientras me preparaba para este libro es una mujer cuyo esposo era adicto a la pornografía. Aunque es cristiano, entró en contacto con la pornografía cuando era pequeño y nunca pudo liberarse de ello. Esto fue, por supuesto, devastador para mi amiga, y cuando le pregunté qué era lo que sentía que le ayudaba más, ella respondió: "La empatía". Me dijo que saber que Jesús verdaderamente entendía lo que estaba sufriendo era una gran fuente de consuelo para ella. También conocía a otra mujer que había experimentado lo mismo en su matrimonio, y hablar con ella, sabiendo que la mujer tenía una verdadera empatía por ella, la consolaba.

También hablé con una mujer cuyo esposo padecía TEPT (trastorno de estrés postraumático) tras haber combatido en Afganistán y sufrir un daño cerebral como resultado de un bombardeo. Ella decía que habían pasado por grandes dificultades en su matrimonio hasta que conocieron a una pareja que había experimentado cosas similares y había encontrado formas de solucionar sus problemas. Dijo que la pareja fue un regalo asombroso de Dios porque ellos entendían lo que estaban pasando y realmente les ayudaron a entenderlo mejor.

Muchas personas pueden intentar entender nuestro dolor, pero ninguna lo entiende mejor que alguien que haya experimentado lo que nosotros estamos sufriendo. Yo puedo empatizar mucho con alguien que haya experimentado abuso sexual, que haya tenido cáncer, que se haya divorciado por infidelidad o que haya experimentado muchas otras cosas, pero como yo nunca he tenido una adicción a sustancias, no sé muy bien lo que sufre una persona que esté lidiando con ello.

Hable con alguien. No tiene que ser con una consejera, y simplemente hablar del pasado con alguien en quien confíe le robará el poder que tiene sobre usted. Tristemente, a menudo mantenemos nuestro dolor en secreto, e infecta nuestra alma hasta que nos volvemos completamente disfuncionales.

Ser disfuncional no significa que no podamos funcionar en el mundo en que vivimos, pero sí significa que no funcionamos adecuadamente. Yo mantuve en secreto el abuso sexual de mi infancia y fue una de las cosas que me mantenía atada. Nunca se lo conté a nadie, salvo a mi madre, hasta que me casé con Dave cuando tenía veintitrés años. El temor a que alguien supiera lo que me habían hecho gobernaba mis pensamientos y acciones y me hacía comportar de maneras disfuncionales. Aunque cuando tenía nueve años le había contado a mi madre lo que me estaba haciendo mi padre, ella decidió no creerme, así que pensé que nadie más me creería.

Quizá pensamos que las personas nos rechazarán, nos culparán o nos juzgarán duramente si conocen nuestro pasado, pero si lo hacen, entonces ellos tienen un problema peor que el nuestro. Si tuvo una experiencia decepcionante, no deje que esa decepción la mantenga atada a secretos que la están enfermando. Encuentre a alguien con quien hablar. Por supuesto, Jesús siempre está disponible, y le entiende completamente y tiene compasión de usted.

También quiero animarla a ser paciente. Algunos de nuestros problemas dejan un complicado caos en nuestra alma que exige un tiempo para desenredarlo. La sanidad, por lo general, llega en varios grados, poco a poco. Al menos así ha ocurrido conmigo. Dios raras veces tiene prisa, porque está más interesado en hacer bien lo que tiene que hacer que en hacerlo rápido. Tener una relación con Él será muy frustrante si somos muy impacientes, porque sus promesas se reciben mediante la fe y la paciencia.

¡No se rinda nunca! No se canse de hacer lo correcto y recogerá una cosecha a su debido tiempo (ver Gálatas 6:9).

Sea una persona de acción, estando siempre lista para hacer rápidamente lo que Dios le muestre que haga. Saber qué hacer pero no hacerlo no le ayudará. Puede tener una receta médica rellena, pero si nunca se toma la medicina, no le ayudará.

Sea una aprendiz de por vida, especialmente de usted misma. ¡Hay una persona maravillosa dentro de usted esperando salir!

¡Hay una persona maravillosa dentro de usted esperando salir!

CAPÍTULO 6

Usted es la amada de Dios

Amados, ahora somos hijos de Dios, y aún no se ha mani-
festado lo que hemos de ser; pero sabemos que cuando él
se manifieste, seremos semejantes a él, porque le veremos
tal como él es.

—1 Juan 3:2, RVR60

Lo que la gente desea es amor incondicional. La mayor felicidad
en la vida es saber que somos amadas por lo que somos o quizá
a pesar de cómo somos. Dios nos creó para ser amadas, y sin ese
amor, no funcionamos bien. En mi opinión, ninguna persona, no
importa cuán buena o amable sea, es capaz de darnos un amor
que sea totalmente incondicional. Solo Dios puede hacer eso. Si
yo le dijera: "Dios nunca la amará más de lo que la ama en este
momento del tiempo", ¿qué pensaría?

A menudo digo eso a quienes asisten a mis conferencias, y
puedo ver por las miradas de perplejidad y duda en sus rostros
que no están seguras de creerlo. Para la mayoría de nosotras, la
idea del amor incondicional sencillamente no encaja en nuestra
ideología. Pero al seguir explicando que Dios no nos ama sobre la
base de lo que hacemos sino de quién es Él, comienzan a entenderlo. Sin embargo, aún tardo un tiempo en convencerlas de que
no pueden hacer nada para ganarse el amor de Dios. Es un regalo
gratuito y solo se puede recibir por la fe.

El apóstol Juan nos dice que pongamos la fe en el amor que Dios nos tiene (ver 1 Juan 4:6). Al principio lo recibimos totalmente por la fe, pero al final si seguimos creyéndolo, comenzaremos a sentirnos amadas. El concepto de que algo bueno sea nuestro sin que tengamos que hacer algo para merecerlo nos resulta totalmente ajeno. Dios no solo nos ama, sino que somos sus amadas.

Somos sus amadas.

¿Qué significa ser la amada de Dios? Es un término de afecto y cariño, y significa anhelar, respetar y considerar con afecto. Al meditar en la palabra *amada*, percibí en mi espíritu la idea de ser amada en cada instante del tiempo. Solo piense en ello: usted está siendo amada ahora mismo y en cada momento. Nunca ha habido ni habrá un momento en el tiempo en el que no sea perfectamente amada.

Le sugiero que deje de leer, cierre sus ojos y deje que su alma se aquiete. Ahora diga en voz alta: "Soy la amada de Dios". Dígalo unas cuantas veces y deje que la frase impacte su alma. Creo que este ejercicio podría ser muy impactante, especialmente si nunca ha creído realmente que es amada o no se ha sentido amada.

Dios Padre se refirió a Jesús como su Hijo amado, en quien se agradaba (ver Mateo 3:17). El nombre de David el salmista significa el amado de Dios. Daniel fue aludido tres veces por los ángeles como el amado de Dios, y Pablo a veces se refirió a los creyentes del Nuevo Testamento como amados. También, el apóstol Juan se refirió a sí mismo como el discípulo amado, o el discípulo a quien Jesús amaba. Seguro que Juan era un hombre que disfrutó de una revelación profunda del amor de Dios hacia él y fue lo suficientemente valiente para decirlo. ¡Qué confianza debió haber tenido!

No solo el amor de Dios trae sanidad a nuestra alma herida, sino que también nos da confianza y valor. El apóstol Juan dijo que el perfecto amor echa fuera el temor, y que si aun así tenemos temor, aún no hemos alcanzado la plena madurez del amor de Dios.

> En el amor no hay temor, sino que el amor perfecto echa fuera el temor. El que teme espera el castigo, así que no ha sido perfeccionado en el amor. (1 Juan 4:18)

Recuerdo leer este versículo al poco tiempo de convertirme y malentenderlo por completo. Pensaba que significaba que si yo era capaz de amar a otros perfectamente, no tendría temor en mi vida. Me esforzaba mucho por amar a otros pero parecía que siempre fallaba y finalmente volvía al egocentrismo. Al final aprendí que antes de poder amar a alguien, tenía que recibir el perfecto amor de Dios que se me ofrecía y aprender a amarme a mí misma, y solo entonces sería capaz de amar a los demás adecuadamente.

Cuando recibimos y disfrutamos el amor de Dios, ya no tenemos miedo a dejar que la gente entre en nuestra vida, ni tenemos miedo de darnos a ellos. Podemos amar sin reservas porque no vivimos con el temor de que se aprovechen de nosotros. El perfecto amor de Dios echa fuera el temor.

No se desanime si tarda un tiempo en entender del todo la idea de que Dios la ama incondicionalmente. Nuestra experiencia nos ha enseñado que el amor parece brotar y fluir según el estado de ánimo de las personas y si les estamos dando o no lo que nos demandan. Rápidamente caemos en un patrón de intentar ganar el amor haciendo felices a las personas y temiendo que el amor se pueda perder si no les agradamos. La gente nos ama de forma imperfecta, pero el amor de Dios es perfecto porque Él es perfecto. Él es amor, y por lo tanto es imposible que Él haga algo menos que amarnos incondicionalmente.

> *El amor de Dios es perfecto porque Él es perfecto.*

Mientras más comunión tenemos con Jesús y aprendemos sobre su carácter, experimentando su bondad, gracia y misericordia en nuestra vida, más profundamente reconocemos su asombroso amor. Nuestra alma puede estar herida de forma tan profunda que necesitamos disfrutar del amor de Dios durante mucho, mucho tiempo para comenzar siquiera a sentir su efecto sanador. Las heridas profundas tardan en sanar, así que sea paciente.

Diles que les amo

Durante cinco años enseñaba un estudio bíblico cada martes por la noche en mi hogar. Finalmente me invitaron a enseñar un estudio bíblico en mi iglesia los jueves por la mañana. Lo considero mi primera oportunidad de hablar en público y realmente quería que fuera asombrosamente buena. Oraba diligentemente por lo que el Señor quería que yo enseñara, y continuaba sintiendo que Él quería que le dijera a la gente lo mucho que Él la amaba. Debo admitir que al principio me resistí, diciéndole al Señor que todos sabían que Él les amaba. A fin de cuentas, eso es algo acerca de lo que muchos cantamos de niños: "Sí, Cristo me ama, la Biblia dice así".

El Señor fue muy claro en que quería que yo les dijera que Él les ama, afirmando que si las personas supieran cuánto las ama Dios, no estarían atormentadas por el temor. En obediencia, enseñé sobre el amor de Dios, y el mensaje fue recibido de una forma asombrosa. Me resultó obvio que la gente no solo necesitaba esa revelación, sino que yo misma también la necesitaba. Podemos decirles a otros que Dios les ama y aun así no tener la revelación sobre su amor para nosotras mismas.

Mientras me preparaba para enseñar a otros sobre cuánto

les amaba Dios, descubrí que yo necesitaba el mismo mensaje. Creía que Dios me amaba, pero tenía que admitir que creía que su amor por mí era condicional. Durante los años, mi fe en su amor creció más y más, pero incluso ahora tengo que recordarme a menudo que Dios no deja de amarme cuando no me comporto perfectamente.

Al estudiar diligentemente y meditar en lo que la Biblia enseña sobre lo mucho que Dios nos ama y aprender a ver su amor en mi vida, finalmente comencé a sentirme amada. Fue un comienzo, pero ciertamente no el final de mi jornada. Pensaba sobre el amor de Dios. Me hice un cuaderno en el que escribía todos los versículos que encontraba sobre el amor de Dios. Leía cualquier libro que encontrara sobre el amor de Dios, y confesaba en voz alta en mi tiempo de oración que Dios me amaba. Usted puede estar tan convencida de cuán difícil es ser amada, que se necesitará el mismo tipo de diligencia para obtener realmente una revelación del amor de Dios por usted. Recibir amor parece ser algo especialmente difícil para quienes hemos recibido heridas profundas en la vida, pero cuando comenzamos a recibir el amor de Dios, descubrimos que el amor es el bálsamo sanador que necesita nuestra alma.

El apóstol Pablo conocía la importancia de que la gente supiera que Dios la amaba. Él dijo:

> Para que por fe Cristo habite en sus corazones. Y pido
> que, arraigados y cimentados en amor... (Efesios 3:17)

Quiero subrayar que Pablo animaba a los creyentes a *arraigarse* en el amor de Dios. Cualquier árbol que esté bien arraigado no caerá ni será destruido durante el azote de las tormentas que llegan, y cuando tenemos una profunda revelación del amor de

Dios por nosotros, esto nos permite estar firmes en medio de las pruebas de la vida.

Hay muchas cosas que nos ocurren que no son justas y son muy dolorosas, y a menudo es tentador regresar a los viejos hábitos durante esos momentos y comenzar a pensar que Dios no nos ama o que no está con nosotros, pero eso no es realmente cierto.

Dios está viendo todo lo que ocurre en nuestra vida, y si confiamos en Él en medio de nuestras dificultades, finalmente veremos que Él hará que todas las cosas nos ayuden a bien (ver Romanos 8:28, RVR1960).

Pablo siguió orando para que los creyentes *experimentaran* el amor de Dios en ellos (ver Efesios 3:18). La idea captó mi atención así como otra que se encuentra en 1 Juan 4:16, que nos dice que entendamos, reconozcamos y seamos conscientes del amor de Dios mediante la observación. Estos dos versículos, cuando los vemos juntos, nos alientan a ver el amor de Dios en nuestra vida, porque se puede ver y experimentar de muchas formas diversas.

Este ejercicio ha sido una fuente de gran gozo para mí personalmente durante los años. Me he entrenado para ver el amor de Dios, no tomando ninguna bendición de mi vida como una coincidencia, ni siquiera las más diminutas. Esta es una forma en la que he descubierto que puedo ser como una niña en mi relación diaria con mi Señor. No hace mucho tiempo estaba pensando en cierta amiga, y mis pensamientos eran algo parecido a esto: *En verdad ella nunca me dice que me quiere, ni me pide que pase tiempo con ella.* En cuestión de un par de días recibí este mensaje de texto de ella: "¡Te quiero!". Un día o dos después supe que había planeado pedirme que saliéramos a almorzar pero yo ya había planeado otra cosa. Tomé estos dos acontecimientos como "guiños" de Dios, como su manera de decirme: "Joyce, conozco tus necesidades; mientras te deleitas en mí, yo te concedo los deseos de tu corazón" (ver Salmos 37:4).

Este es solo un ejemplo de muchas cosas como esta que creo que nos suceden a todas, pero a menos que las estemos buscando y las reconozcamos como señales del amor de Dios, nos las perderemos. ¿Le parece que esto no tiene sentido? Quizá está pensando: *Joyce, Dios tiene cosas más importantes que hacer que asegurarse de que usted reciba un mensaje de texto de alguien, solo porque se estaba preguntando cómo se sentía una persona con usted.* Quizá este tipo de relación con Dios le parezca infantil, pero Jesús dijo que deberíamos acudir a Él como niños (ver Mateo 18:3).

Yo perdí mi infancia por el abuso sexual, la violencia y el temor. Nunca tuve verdaderamente una oportunidad de ser una niña despreocupada y confiada, pero Dios es un Dios de restauración, y nos devuelve lo que el enemigo nos ha robado. Aprenda a abordar su

> *Dios nos devuelve lo que el enemigo nos ha robado.*

relación con Dios como una niña, confiando en Él y dependiendo de Él en todo.

El primer libro que escribí tenía solo unas cuantas páginas. El título era *Diles que les amo.* El libro se ha traducido aproximadamente a cien idiomas, y Dios continúa usándolo hoy. Es una versión muy sencilla de lo que estoy compartiendo con usted en este capítulo. Desde entonces he escrito muchos libros, y creo que todos incluyen alguna enseñanza sobre lo mucho que Dios nos ama. No es porque no pueda encontrar algo nuevo que decir, sino porque nada más nos dejará satisfechas a menos que aprendamos a recibir el amor incondicional de Dios y entendamos que somos las amadas de Dios.

Aprender a recibir

Quizá piense: *Pero ¿por qué iba a* amarme *Dios?* Él la ama porque así lo decide. Porque quiere. Dios nos ama para satisfacer su propio deseo intenso. Dios es Amor, y el amor tiene que mostrarse; debe encontrar alguien sobre quien volcarse. No puede permanecer dormido porque es una fuerza viva. Dios envió a su Hijo para morir por nosotros y pagar por nuestros pecados, y para satisfacer ese grande y maravilloso amor que tiene por nosotros (ver Efesios 2:4-5). Ni usted ni yo podremos jamás encontrar ninguna razón viable por la que Dios nos ama, pero la verdad es que lo hace, y depende de nosotras recibir su amor por fe o seguir llevando vidas vacías, insatisfechas y quebrantadas. *Recibir* significa ser como un receptáculo y recibir lo que se nos ofrece. ¿Puede usted hacer eso hoy? ¿Abrirá su alma herida y simplemente respirará el amor de Dios que está siendo derramado sobre usted en este instante? Usted es amada, usted está siendo amada en este preciso instante.

Nos perdemos mucho en nuestra relación con Dios porque intentamos "conseguir" lo que Él quiere que tengamos en lugar de recibirlo simplemente por la fe. *Conseguir* significa obtener algo mediante su esfuerzo. No podemos "conseguir" que Dios nos ame porque Él ya lo hace, y Él siempre lo hará. Él declara que la ama con un amor eterno (ver Jeremías 31:3). Es un amor que no puede terminar. Así que, por favor, crea y reciba el amor de Dios, y en esos días en los que cometa grandes errores o tenga grandes problemas y Satanás, el enemigo de su alma, intente separarle del amor de Dios, abra su Biblia y lea estos versículos:

> ¿Quién nos apartará del amor de Cristo? ¿La tribulación,
> o la angustia, la persecución, el hambre, la indigencia, el
> peligro, o la violencia? (Romanos 8:35)

Pues estoy convencido de que ni la muerte ni la vida, ni los ángeles ni los demonios, ni lo presente ni lo por venir, ni los poderes, ni lo alto ni lo profundo, ni cosa alguna en toda la creación podrá apartarnos del amor que Dios nos ha manifestado en Cristo Jesús nuestro Señor. (Romanos 8:38-39)

Cualquier cosa que haya ocurrido en su vida que le haya dejado herida y quebrantada, no tiene por qué continuar atormentándole. Dios dice en su Palabra que su amor la ha guardado del pozo de la destrucción (ver Isaías 38:17). Jesús fue enviado a sanar a los quebrantados del corazón, a vendar sus heridas y sanar sus golpes (ver Isaías 61:1). ¡Deje que su amor comience a hacer la obra que ha de hacer en su alma herida!

CAPÍTULO 7

Las personas heridas hieren a otras

No tomen venganza, hermanos míos, sino dejen el castigo
en las manos de Dios, porque está escrito: «Mía es la ven-
ganza; yo pagaré», dice el Señor.

—Romanos 12:19

En su jornada de sanidad, posiblemente lo más difícil que Dios
le pida hacer es perdonar a las personas que le han herido. Ciertamente fue muy difícil para mí. Una de las cosas que me ayudó
mucho fue cuando Dios me mostró que las personas heridas hieren a otras personas. Normalmente solo pensamos en lo mucho
que nos han herido y después pasamos a enojarnos con las personas que nos han hecho daño, pero la mayoría de las veces ellas
también están heridas.

Alguien o algo las han herido a ellas, y están actuando según
su propio dolor, a menudo sin tan siquiera darse cuenta de que
sus acciones están hiriendo a otros. Mi padre finalmente me
dijo, cuando tenía ochenta años, que sentía mucho todo el abuso
sexual de mi infancia. Después dijo: "No tenía ni idea de que lo
que estaba haciendo te haría tanto daño". En cierto modo, eso me
sonó algo ridículo. ¿Cómo no iba a saber que me estaba haciendo
daño? Él sabía que lo que estaba haciendo no estaba bien, o de
lo contrario, no me habría dicho una y otra vez que no se lo
dijera a nadie. Pero él estaba tan absorbido en sus propios deseos

lujuriosos que nunca se detuvo a pensar cómo sus acciones me estaban afectando a mí.

Finalmente descubrí que mi padre venía de una familia en la que el incesto era algo muy normal. Cuando yo era una niña, su padre, mi abuelo, intentó acosarme sexualmente, al igual que dos de mis tíos, así que sé que los rasgos del abuso sexual estaban presentes en la familia. Si lee las estadísticas que aporto en el Apéndice I, verá que se calcula que un millón de niñas en Estados Unidos son víctimas de incesto padre-hija. Tristemente, es más común de lo que nos damos cuenta.

Mi padre siempre estaba amargado con su padre, y nunca supimos por qué, pero es fácil imaginarse cuál podría haber sido la raíz de su amargura. Él estaba herido, pero ahogó su propio dolor en conductas adictivas, y dudo seriamente que se diera cuenta alguna vez de que sus malas acciones eran el resultado del dolor y posiblemente el abuso en su propia infancia.

Mi padre era un hombre muy iracundo y amargado, y si alguien alguna vez lo enojaba por algo, decidía que no lo perdonaría jamás. Supe que mi padre era violento con mi madre desde antes incluso de casarse, así que es razonable llegar a la conclusión de que estaba enojado y lleno de rabia a una edad muy temprana. Ella tenía diecisiete años cuando se casaron, y estuvo con él hasta que murió a los ochenta y tres años. Pero durante muchos de sus más de sesenta años de matrimonio, en varias ocasiones él le pegó, la abofeteó y la amenazó con darle una paliza si le complicaba la vida.

Mi madre vivía con temor a mi padre y se acobardaba bajo su personalidad dominante. Si ella hubiera tenido más valor, lo habría dejado cuando yo era una niña y le dije por primera vez lo que me estaba haciendo. Ella podía haber impedido que mi hermano y yo recibiéramos los abusos. Pero no tuvo el valor, y se quedó con él. Me dijo muchos años después que simplemente pensaba que no sería capaz de soportar el escándalo, y que no nos podría sostener por ella misma a mí y a mi hermano. Me afectó el hecho de que fueron sus propios pensamientos los que la derrotaron. Ella pensó que no podría, así que no lo hizo.

Cuando entendí que mi padre estaba actuando por su propio dolor, así como por lujuria y egoísmo, perdonarlo fue un poco más fácil. Eso no significa que no era responsable de sus acciones, porque lo era, pero seguir menospreciándolo y estar enojada con él no me ayudaba a mí, ni tampoco lo ayudaba a él a cambiar. Si usted permanece enojada con alguien que le ha herido, le está dando permiso para seguir hiriéndola una y otra vez mediante sus recuerdos y su amargura.

Yo no perdoné a mi padre y mi madre porque fuera fácil, sino porque Dios nos manda que lo hagamos. Las Escrituras nos enseñan en varios lugares que debemos perdonar a nuestros enemigos y que Dios es nuestro Defensor.

Creo que para muchas mujeres, aferrarse al enojo y rehusar perdonar a quienes les han herido se interpone en el camino de su sanidad. No podemos avanzar si nos estamos aferrando amargamente al pasado.

Lo más poderoso que usted puede hacer

Creo que perdonar a las personas que nos hieren es lo más poderoso que haremos jamás. Nos libera del tormento emocional y nos hace libres para continuar con la vida. Aunque el proceso del perdón a menudo es difícil, cuando usted toma la decisión de perdonar verdaderamente y soltar la amargura, el enojo y el resentimiento que había tenido hacia otros, le ahorrará años de miseria. La pregunta es: ¿qué tipo de vida quiere tener: una vida libre y que puede disfrutar, o una vida amargada que la mantiene atada al pasado?

Es muy importante para cualquiera que esté leyendo este libro y que necesite sanidad para su alma herida que se tome muy en serio este mandamiento de Dios. No decida terminar rápido este capítulo porque ya ha decidido que no puede perdonar a las personas que le han herido porque es demasiado difícil. Perdonar a nuestros enemigos no es negociable para cualquiera que desee disfrutar de la promesa de Dios de restauración. Es algo que Dios

> *Perdone una vez, y podrá poner fin a años de miseria.*

nos enseña que hagamos, y es algo que Jesús modeló en su propia vida. Jesús oró, mientras sufría en la cruz, para que los que le crucificaban fueran perdonados. Él sabía que le estaban haciendo sufrir debido a su propio dolor y confusión.

Dios es misericordioso, y la misericordia siempre mira más allá de lo que alguien hizo para ver el porqué lo hizo. Siempre hay un porqué. Como yo fui herida, cometí errores con mis hijos y mi esposo. El plan del diablo es que sigamos viviendo con el dolor de nuestro pasado y que hiramos a otros, de generación en generación, impidiendo que nadie disfrute de lo que Jesús quiso darnos con su muerte. Pero Jesús nos dio instrucciones sobre cómo podemos derrotar al diablo y conseguir que nuestra historia no se convierta en nuestro destino.

Suéltelo

En Mateo 6:12 Jesús enseñó que deberíamos pedir a Dios que perdone nuestros pecados "como también nosotros hemos perdonado a nuestros deudores". Perdonar significa soltar algo en vez de aferrarnos a ello, incluso abandonar el resentimiento. Las heridas y el dolor al que nos aferramos se convierten en una pesada carga que llevar, y la llevamos constantemente hasta que tomamos la decisión de soltarla. Llevar estas cargas puede ser la raíz de muchas enfermedades y trastornos mentales y físicos. No fuimos creados por Dios para estar cargados, sino que nos invita a soltar las cosas que nos agobian y confiar en que Él cuidará de nosotros. Debemos echar toda nuestra ansiedad sobre Él. Aquí hay dos versículos que me han animado muchas veces, y espero que también le sean de utilidad a usted.

> Depositen en él toda ansiedad, porque él cuida de ustedes. (1 Pedro 5:7)
> Encomienda al Señor tus afanes, y él te sostendrá; no permitirá que el justo caiga y quede abatido para siempre. (Salmos 55:22)

No siga aferrándose a algo acerca de lo cual no puede hacer nada. Si alguien le hizo un agravio y usted se aferra a ello mentalmente y emocionalmente, entonces está permitiendo que eso le siga haciendo daño día tras día. Ayúdese a usted misma, ¡y suéltelo! Por supuesto, su mente le gritará: "No es justo", y no lo es. No hay nada justo en perdonar a alguien por abusar de usted, pero de nuevo, no fue justo que Jesús muriese por nuestros pecados. Dios nunca nos pedirá que perdonemos a alguien por algo más grave que lo que Él nos ha perdonado a nosotros. Una serpiente cascabel, si se ve arrinconada, a veces se enojará tanto que se morderá a sí misma. Eso es exactamente lo que ocurre cuando albergamos odio y rencor contra otras personas: nos "mordemos" y nos envenenamos a nosotras mismas. Pensamos que estamos haciendo daño a otros al aferrarnos al rencor y al odio, pero el mayor daño realmente nos lo estamos haciendo a nosotras mismas.

Perdonar a alguien que nos ha herido nunca es algo que tendremos ganas de hacer, pero podemos decidir hacerlo, y Dios nos ayudará. Suelte a sus enemigos para que Dios pueda comenzar a tratar con ellos. Esperemos que, así como mi padre, ellos finalmente respondan a su incesante amor y le permitan entrar en su vida, pero si no lo hacen, tristemente terminarán cosechando lo que han sembrado.

Soltar conlleva hacer el compromiso de dejar de pensar y hablar de las cosas que las personas le han hecho, a menos, claro está, que esté recibiendo consejería o compartiendo su victoria sobre ello para ayudar a otra persona. A veces las personas vuelven a revivir los momentos de traición, abuso o rechazo una y otra vez en su mente, y lo sepan o no, hacerlo las mantiene atadas a ello. Nuestra mente afecta nuestras emociones, y cuando recordamos los eventos abusivos una y otra vez, regresamos al dolor original como si fuera un evento actual.

Dios no quiere que vivamos en cautiverio de nuestra propia amargura o dolor. En su lugar, Él anhela que le entreguemos esos sentimientos negativos, que perdonemos a quienes nos han herido, y confiemos en que Él sacará algo bueno de lo que nos sucedió y nos dará una doble recompensa por el dolor que sufrimos.

> En vez de su vergüenza, mi pueblo recibirá doble porción; en vez de deshonra, se regocijará en su herencia; y así en su tierra recibirá doble herencia, y su alegría será eterna. (Isaías 61:7)

Cuando obedecemos a Dios, Él siempre nos da una recompensa. Soltar puede resultar difícil, pero si nos enfocamos en la recompensa hará que sea algo más fácil. Charlotte Bronte dijo en *Jane Eyre*: "La vida me parece demasiado corta como para gastarla en nutrir

Cuando obedecemos a Dios, Él siempre nos da una recompensa.

la enemistad o en registrar ofensas". Dios quizá nos pida cosas difíciles, así como le pidió a su Hijo que pagara por nuestros pecados, pero nunca nos pedirá hacer algo sin darnos la capacidad para hacerlo.

Un gran ejemplo del poder del perdón lo encontramos en la vida de Nelson Mandela. Un reportero compartió esta historia:

> Mandela tuvo una salida enorme, elegante y digna de la prisión y fue algo muy poderoso a la vista de todo el mundo. Pero mientras yo lo veía caminar por ese camino polvoriento, me preguntaba si estaría pensando en los últimos 27 años, si habría estado enojado continuamente. Muchos años después, tuve la oportunidad de preguntárselo. Le dije: "Vamos, usted fue un gran hombre, invitó a sus carceleros a su toma de posesión, puso sus presiones en el gobierno. Pero dígame la verdad. ¿Realmente no estuvo enojado todo el tiempo?". Y él dijo: "Sí, estuve enojado. Y tenía un poco de miedo. A fin de cuentas no había sido libre en mucho tiempo. Pero", dijo él, "cuando sentí que surgía ese enojo dentro de mí, supe que si los odiaba tras haber salido de la celda, entonces aún me tendrían encarcelado". Y sonrió y dijo: "Quería ser libre, así que lo solté".[17]

La amargura comienza siendo algo pequeño. Una ofensa se abre camino hasta nuestro corazón. Lo volvemos a revivir en nuestra mente y eso crea canales profundos que a menudo son difíciles de volver a nivelar, pero Dios nos ayudará si se lo pedimos y después le permitimos que Él nos guíe. Dejar que Dios guíe significa que seguimos sus mandamientos sin importar cómo nos sintamos al hacerlo. Todo lo que Él nos pide que hagamos es para nuestro propio beneficio y para el beneficio de aquellos con quienes compartimos nuestra vida.

Enojo y secretos reprimidos

Nuestros secretos nos enferman por dentro; infectan nuestra alma y se filtran en nuestra conducta. A veces podemos saber que una persona está enojada porque es explosiva cuando las cosas no salen como ella quiere, pero otras veces no podemos ver el enojo directamente. A menudo somos buenas escondiéndonos de nuestros problemas y reprimiendo el enojo que sentimos por nuestras decepcionantes vidas. Al menos pensamos que lo estamos escondiendo, pero en realidad es como una pelota de playa: intentamos sumergirla, pero por mucho que lo intentemos siempre consigue salir a la superficie una y otra vez. En cierta manera, el enojo reprimido es peor que el enojo expresado. Al menos si expresamos el enojo, sabemos que estamos enojadas, pero si lo reprimimos y fingimos que estamos bien cuando en realidad no es cierto, el enojo nos carcome el alma de muchas maneras que nos roban la calidad de vida que queremos tener.

El enojo se puede manifestar como depresión, ansiedad, trastornos de estado de ánimo, trastornos alimenticios, alcoholismo, drogadicción, violencia y muchas otras cosas. No hay mucho que podamos hacer con el enojo que tenga algún sentido excepto soltarlo, y esa es exactamente la razón por la que Dios nos ha mandado hacerlo.

Quizá es tiempo de que usted llegue hasta la raíz de algunos de sus problemas en vez de meramente seguir tratando unos síntomas que nunca desaparecen del todo. Llegar a la raíz de nuestros problemas es de lo que se trata la sanidad del alma. Nos abrimos a Dios y lo dejamos entrar en todas las áreas de nuestra vida, y confiamos en que Él nos guía en este proceso de restauración y bienestar. Cuando las cosas se sacan a la luz, pierden su poder sobre nosotros. La Biblia dice que cuando algo se expone y es reprobado por la luz, se hace visible y claro (ver Efesios 5:13).

Tomar la decisión de perdonar a nuestros enemigos es el primer paso, y cuando hacemos eso podemos comenzar a tratar el enojo que tenemos por las cosas injustas que nos han sucedido. Podemos soltar la amargura y el enojo y reemplazarlos por confianza en Dios y esperanza para el futuro.

Ore por sus enemigos y bendígalos

Tomar la decisión de perdonar es el primer paso, pero hay algo más que Dios nos manda hacer que es una parte importante de perdonar. Es la instrucción que Dios nos da de que oremos por nuestros enemigos y los bendigamos. *¡Caramba! Dios, tienes que estar de broma. ¿Cómo puedo orar por alguien para que sea bendecido cuando la verdad es que no quiero que sea bendecido?* Cuando oramos por nuestros enemigos para que sean bendecidos, les estamos soltando para que Dios los bendiga con la verdad que tiene el poder para hacerlos libres de su naturaleza abusiva. Oramos para que Dios abra sus ojos para que conozcan la verdad y lo reciban a Él como Salvador y Señor.

También creo que Dios quiere que estemos abiertas a ayudar de manera práctica a quienes nos han herido cuando necesiten ayuda. Él me dio la gracia para hacer esto con mis padres al ayudarlos con sus necesidades diarias durante aproximadamente quince años cuando eran ancianos y necesitaban ayuda. Me costó mucho tiempo y dinero hacerlo, y admitiré que no fue algo que disfruté, pero supe que era lo que debía hacer, así que lo hice. Lo volveré a decir: perdonar a sus enemigos es una de las cosas más poderosas que puede hacer jamás. Abre la puerta a múltiples bendiciones en su vida, incluyendo la paz, el gozo y la recompensa de Dios.

Yo perdoné a mis padres y los ayudé en obediencia a Dios, y aunque no lo disfruté, sí disfruté saber que solo Dios podía capacitarme para hacerlo y que finalmente había conseguido una victoria sobre el diablo. Dios bendijo mi obediencia, y el resultado es que el diablo nunca tuvo éxito en traer de nuevo el dolor del pasado a mi vida.

Según la Palabra de Dios, vencemos al mal con el bien (ver Romanos 12:21). Las cosas malas que le hicieron se pueden vencer con una disposición a soltar la amargura y el enojo, y orando y bendiciendo a sus enemigos. Quizá le parezca que les está ayudando, pero en realidad se está ayudando a usted misma. Cuando perdonamos y después oramos y bendecimos a nuestros enemigos, la Palabra de Dios dice que nos estamos comportando como nuestro Padre celestial lo haría. Quiero dejarle con dos versículos que he leído y meditado cientos de veces. Me han ayudado a hacer las cosas que estoy enseñando en este capítulo, y oro para que también le ayuden a usted.

> Bendigan a quienes los maldicen, oren por quienes los maltratan. (Lucas 6:28)
>
> Ustedes, por el contrario, amen a sus enemigos, háganles bien y denles prestado sin esperar nada a cambio. Así tendrán una gran recompensa y serán hijos del Altísimo, porque él es bondadoso con los ingratos y malvados. (Lucas 6:35)

Que estos versículos le fortalezcan y capaciten para perdonar a cualquiera que le haya herido o le pueda herir jamás.

CAPÍTULO 8

Ni culpable ni avergonzada

No temas, porque no serás avergonzada. No te turbes,
porque no serás humillada. Olvidarás la vergüenza de tu
juventud, y no recordarás más el oprobio de tu viudez.

—Isaías 54:4

Culpa y vergüenza: dos de los sentimientos más atormentadores, destructivos y debilitantes que experimentan las personas heridas. Pero Dios nos promete una liberación completa y libertad de ambas cosas. La culpa y la vergüenza crean una carga que nos presiona. Nuestros días quedan absorbidos por sentimientos malos sobre nosotras mismas por lo que hemos hecho mal o lo que nos han hecho.

El diablo grita sus mentiras a nuestra mente: *Lo que te ocurrió es culpa tuya. Si hubieras sido mejor, no te habrían golpeado. Si hubieras sido más fuerte, no habrías permitido que tu padre abusara sexualmente de ti. Si no hubieras sido tan cobarde, habrías hecho frente a tu abusador en lugar de acobardarte ante sus amenazas. Si hubieras sido más lista, no te habrían rechazado. Si fueras más guapa, te habrían escogido. Si hubieras tenido más cuidado, tu hijo no estaría muerto. Si hubieras visto antes los síntomas y hubieras ido al médico, no estarías recibiendo quimioterapia.* Pero quiero decirle hoy que no es culpa suya.

La gente no abusa de usted, ni la usa, ni siquiera le trata mal porque a usted le pase algo; lo hacen porque hay algo mal en ellos. Nos hacen daño porque ellos están dolidos. Las personas rotas y heridas no pueden de modo alguno recuperarse hasta que descargan la culpa y la vergüenza que acarrean.

> *Las personas rotas y heridas no pueden de modo alguno recuperarse hasta que descargan la culpa y la vergüenza que acarrean.*

Todas hemos cometido errores en la vida, y todas hemos hecho cosas de las que nos avergonzamos, pero avergonzarnos de algo que hemos hecho, o incluso de algo que nos han hecho, es totalmente distinto a interiorizar la vergüenza y avergonzarnos de nosotras mismas. Los sentimientos de vergüenza que mi madre llevó por el incesto en nuestra familia fueron la razón por la que nunca lo confrontó y expuso. Tristemente para ella lo interiorizó, e incluso a los ochenta y nueve años, justo antes de morir, le oí decir lo que había dicho muchas veces: "¡Sé que me culpas por lo que te hizo tu padre!". Aunque la había perdonado muchos años antes, ella nunca dejó de sentirse culpable. Nunca se perdonó a sí misma.

Las cosas habrían ido mucho mejor para todos, mi padre incluido, si ella hubiera encarado el problema de frente y lo hubiera abordado. Pero en su lugar, hizo lo que en ese momento le pareció el camino más fácil, y terminó siendo el camino más duro porque fue algo de lo que nunca se pudo recuperar. Huir de nuestros problemas nunca funciona, porque de algún modo parecen ser capaces de alcanzarnos. La manera de vencerlos es confrontarlos con la ayuda de Dios.

Mi madre terminó con una enfermedad mental que yo siempre creí que se derivó de la vergüenza y la culpa que sintió por las decisiones que tomó. No fue culpa suya que mi padre hiciera lo que hizo, pero fue su responsabilidad confrontarlo. Cuando huimos de nuestras responsabilidades y no hacemos lo que sabemos que deberíamos hacer, resulta imposible huir de los resultados. No podrá soltar su pasado hasta que no trate con él.

Si está cargada con culpa y vergüenza, es tiempo de que adopte una posición firme y trace una línea en la arena, por decirlo de algún modo, y se niegue a continuar viviendo como lo ha estado haciendo. Si tiene cosas del pasado que lamenta, arrepiéntase y reciba el perdón de Dios y continúe con su vida. Si ha sufrido abuso de algún tipo, perdone a quienes le hirieron y continúe con su vida. Pero no continúe sintiéndose culpable y avergonzada. Es tiempo de un nuevo comienzo. Su pasado no tiene poder alguno sobre su momento presente a menos que usted se lo permita.

La culpa es un enojo dirigido contra nosotras mismas. Nos enojamos con nosotras por lo que hicimos o por algo que nos sucedió. Aunque nuestra culpa ha sido eliminada por la gracia de Dios, aun así la sufriremos hasta que no nos perdonemos. Cuando comenzamos una nueva vida con Cristo, todas las cosas del pasado se terminan, y nos espera una nueva vida. Pero si le dejamos, Satanás seguirá haciéndonos sentir culpables. Es su forma de mantenernos atadas, y la culpa nos roba toda la energía que Dios nos ha dado para que vivamos la vida como Él quiere que la vivamos. Un sentimiento constante de culpa nos deja cansadas y puede enfermarnos físicamente.

> *La culpa es un enojo dirigido contra nosotras mismas.*

Dos formas de culpa

Hay solo dos formas en que la culpa puede asentarse en su alma y atormentarle. La primera es si usted ha hecho algo mal y nunca ha pedido perdón, y la segunda es si usted lo ha pedido pero no ha recibido la misericordia y el perdón que Dios nos ofrece. Cuando se perdona el pecado, es llevado tan lejos como el este está del oeste (ver Salmos 103:12) y no queda nada por lo que sentirse culpable; por lo tanto, cualquier sentimiento de culpa se debería resistir. El sentimiento quizá sea real, pero está basado en una mentira, no en una realidad. Cuando Dios nos perdona, ya no se acuerda de nuestro pecado (ver Isaías 43:25), y tenga por cierto que si Él puede olvidarse de nuestras malas acciones, entonces nosotras también podemos. La Biblia es muy clara en que Jesús llevó nuestras rebeliones y nuestra culpa sobre sí mismo, y como Él las llevó, nosotras ya hemos dejado de tenerlas.

> Él fue traspasado por nuestras rebeliones, y molido por nuestras iniquidades; sobre él recayó el castigo, precio de nuestra paz, y gracias a sus heridas fuimos sanados. (Isaías 53:5)

Este versículo es uno de los más poderosos que encontramos en la Palabra de Dios. Jesús llevó nuestro dolor, pecados y culpa, y se permitió a sí mismo ser herido por nuestras heridas. Y después viene la promesa: mediante el sacrificio que hizo, somos sanados y restaurados. Ya está hecho.

Quizá nos sintamos también culpables por algo que otra persona nos hizo. Pensamos que deberíamos o podíamos haber hecho algo para impedir sus acciones. Por ejemplo, muchos niños sienten que si se hubieran portado mejor, sus padres no se habrían divorciado. Este tipo de pensamiento es erróneo, por supuesto, pero no deja por ello de ser atormentador y destructivo. Yo tuve una cinta de casete sonando en mi cabeza durante años que decía algo así: *¿Qué he hecho mal? ¿Qué he hecho mal? ¿Qué he hecho mal? ¿Qué estoy haciendo para que mi padre me quiera hacer esto?*

Estaba convencida de que *yo* había hecho algo mal, y que esa era la razón por la que mi padre quería usarme para desahogar su lujuria, en vez de recibirme y amarme como su hija.

Las personas que tienen almas heridas pueden sufrir profundamente sintiendo que han hecho algo mal, así como sentirse culpables y avergonzadas. ¡Pero Dios puede librarles! Si usted es una de esas personas, por favor tenga por seguro que Dios no solo puede liberarle, sino que Él *quiere* liberarle. Mi libertad no fue instantánea, y la suya quizá tampoco lo sea, pero al seguir renovando mi mente con la Palabra de Dios, mis sentimientos comenzaron a cambiar, gradualmente pero de forma segura, y lo mismo le ocurrirá a usted. Déjeme decirlo de nuevo: si fue usted abusada, rechazada o abandonada, no fue culpa suya. Es hora de que se levante y deje de permitir que las mentiras del enemigo controlen su destino.

> *Si fue usted abusada, rechazada o abandonada, no fue culpa suya.*

Satanás intenta hacernos sentir indignas y que no valemos nada, y la mejor forma de hacerlo es cargarnos con falsa culpa y vergüenza tóxica. Avergonzarnos de algo que hicimos mal, o incluso de algo malo que nos hicieron, no es algo sorprendente; de hecho, es algo bastante normal. Pero sentirse avergonzada de una misma por lo que nos pasó, lleva la culpa y la vergüenza a un nivel peligroso que comienza a envenenar todas las áreas de nuestra vida. ¡Es el tiempo de ser libre de la vergüenza!

Tratar con la vergüenza

Sentir vergüenza significa estar confundida, confusa, seca, decepcionada o detenida. La palabra *confundida* significa avergonzada, confusa, derrotada o derrocada. También significa ser condenada, y eso significa destinada al castigo. Esto describe muchos de los problemas que encontramos cuando vamos por la vida con un alma herida que necesita ser sanada. Nada parece funcionar para nosotras, nos sentimos secas y sin vida, la confusión es nuestra compañera, a menudo nos cuesta trabajo tomar decisiones, y la vida en general es muy decepcionante.

Yo probé muchos remedios diferentes para estos males, pero no conseguí ninguna ayuda genuina hasta que Dios me mostró a través de un libro que leí que, en el centro de mi ser, estaba avergonzada de quién era yo. La vergüenza había envenenado mis pensamientos, emociones y decisiones de la vida. Seca y decepcionada es una buena descripción de cómo yo me sentía normalmente. Sencillamente no era feliz. Tenía que tratar con la vergüenza, y fue mediante creer la Palabra de Dios en lugar de seguir siendo controlada por mis pensamientos y emociones, como finalmente fui liberada.

Aprendí acerca de la culpa y la condenación mucho tiempo antes incluso de oír hablar sobre el problema de la vergüenza. Por supuesto, estaba avergonzada de lo que mi padre me había hecho, y esa era una de las principales razones por las que mantuve mi pasado en secreto durante tanto tiempo. Sabía que estaba avergonzada de lo que me habían hecho, pero no tenía ni idea de que estaba avergonzada de mí misma y de quién era yo por causa de ello. Cuando entendí eso, muchas cosas comenzaron a caer en su sitio. La vergüenza que había interiorizado y tomado como mi identidad me estaba impidiendo vivir la buena vida que Jesús quiso darme con su muerte.

Siempre me había preguntado qué era lo que había hecho mal, y quizá a usted también le pasa. Pero como todo lo demás que está mal en nuestra vida, Jesús tiene un remedio para nuestros males y nuestros sentimientos de culpa y vergüenza. Él nos ofrece enderezar las cosas, o hacer justicia, y eso significa estar bien delante de Dios (ver 2 Corintios 5:21). Él toma nuestro pecado y nos imparte su justicia. ¿Sabía que usted ha sido hecha justicia de Dios mediante su fe en Jesús?

Cuando aprendí que se me había impartido justicia, pasé varios años aprendiendo a dejar que esa verdad se convirtiera en una realidad en mi vida. La Biblia dice que tenemos que ponernos la justicia (ver Efesios 6:14). "Ponérsela" significa creerlo firmemente y aprender a caminar con la dignidad que Dios le ofrece como su hija preciosa y valiosa. No somos justas por nosotras mismas, pero podemos, por fe, recibir la justicia de Dios como recibiríamos y disfrutaríamos de cualquier otro regalo que nos pudieran dar. No es la voluntad de Dios que se sienta mal con usted misma, que se compare con otras personas y guarde una lista de todo lo que usted cree que ha hecho mal. En realidad puede aprender a aceptarse y disfrutar de usted misma, sabiendo que Dios viene a nuestro encuentro allí donde nos encontramos y nos ayuda a llegar donde debamos estar.

> *Aprenda a caminar con la dignidad que Dios le ofrece como su hija preciosa.*

El simple hecho de que se sepa un versículo que trate sobre estar en paz con Dios o haya oído a alguien enseñar sobre la justicia ante Dios no significa que se haya convertido en una realidad en su vida. A menudo le digo a la gente que realmente no conocemos plenamente ni tenemos revelación de ninguna verdad de Dios hasta que vemos que está funcionando en nuestra vida. Cuando usted de verdad cree que está en paz con Dios mediante la fe en Cristo, dejará de sentirse culpable, condenada y avergonzada.

Si sigue sufriendo bajo el azote de los sentimientos de culpa y vergüenza, aún necesita más revelación de quién es usted en

Cristo. Al margen de lo que tarde, por favor, no se desanime y se rinda. Rendirse es exactamente lo que Satanás quiere que haga, pero Dios quiere que prosiga hacia su verdad. Siga estudiando sobre su posición ante Dios y confiéselo a menudo, y llegará el día en que la realidad de ello se abrirá paso hasta su cabeza y su corazón. Cuando se establezca firmemente en quién usted es, entonces aunque el diablo venga contra usted, no conseguirá derrotarla.

Después de más de cuarenta años estudiando y enseñando la Palabra de Dios, sigo confesando cada día que soy la justicia de Dios en Cristo. Hacerlo me recuerda quién soy en Jesús, y confesar su Palabra me defiende y protege de las mentiras de Satanás.

Aunque no esté aún donde quiere estar en su caminar con Dios, no tiene que sentirse culpable ni avergonzada. Puede regocijarse en que ha progresado algo. Jesús, que comenzó la buena obra en usted, la perfeccionará. Él continuará desarrollando y perfeccionando su obra en nosotras hasta el tiempo del regreso de Cristo (ver Filipenses 1:6). Cuando el diablo la ataque con la culpa y la vergüenza, usted puede decir: "Quizá no esté aún donde tengo que estar, pero gracias a Dios, tampoco estoy donde solía

> *¡Dios está obrando en usted en este momento!*

estar. Dios está obrando en mí en este momento, ¡y cada día estoy progresando más!".

¿Cuánto tiempo malgasta sintiéndose mal con usted misma y preguntándose qué ha hecho mal porque parece no poder comportarse de una forma que la sociedad dice que es correcta y apropiada? Sea la cantidad de tiempo que sea, es demasiado tiempo. Es un tiempo perdido precioso que nunca podrá recuperar. Aprenda a verse a usted misma como Dios la ve en vez de como el mundo la ve. El mundo quizá la llame víctima, pero Dios la llama victoriosa. El mundo quizá la llame producto dañado, pero Dios la llama su hija.

Le puedo prometer que si recibe a Cristo como su Salvador y empieza a dejar que su Palabra renueve su pensamiento, gradualmente se sentirá cada vez mejor con usted misma y eso le permitirá finalmente disfrutar de la vida. Aprenda a disfrutar del progreso que ha hecho aunque le parezca diminuto, en vez de pensar constantemente en lo mucho que le queda aún por recorrer.

El acusador

Si escucha con atención, oirá frecuentemente pensamientos de acusación que bombardean su mente. ¿Es usted culpable de algunos errores simplemente porque tiene un pensamiento que le está acusando de estar equivocada? ¡Claro que no! El diablo es un mentiroso, y la mente es el campo de batalla en donde él trata de derrotarnos. Así como él mintió y engañó a Eva en el huerto del Edén, también miente e intenta

> La mente es el campo de batalla en donde el diablo trata de derrotarnos.

engañarnos a nosotras. Uno de los principales objetivos es impedir que nos amemos y valoremos. Si logra tener éxito en esto, es probable que tenga éxito a la hora de controlar nuestra vida mediante sus mentiras.

Satanás es el acusador de los hijos de Dios (ver Apocalipsis 12:10). Él nos acusa día y noche, pero podemos derrotarlo creyendo en las promesas de Dios más que en los pensamientos que flotan interminablemente por nuestra mente. Por favor, entienda que cada pensamiento que tiene no es necesariamente la verdad. La Palabra de Dios es la verdad.

Derrotamos a Satanás mediante la sangre de Cristo, la Palabra de Dios y nuestro testimonio (ver Apocalipsis 12:11). ¿Cuál es su testimonio? Quizá parte del mismo aún se esté llevando a cabo, pero otra parte es que usted es una hija de Dios redimida y poderosa, que está llena de posibilidad y potencial. De hecho, ¡usted es un milagro en proceso! Mientras usted aún estaba en su pecado, Jesús murió por usted, así que imagínese lo que Él ha planeado ahora que ha sido perdonada y tiene el deseo de caminar con Él. Le puedo prometer que por muy creativa que sea su imaginación, aún no puede llegar a imaginarse del todo el maravilloso plan que Él tiene para su vida.

Descubrimos cuál es el plan de Dios mientras caminamos con Él día a día. Yo me sorprendo continuamente de lo que Dios ha hecho en mi vida. Él me ha llevado literalmente de la miseria total y el fracaso a ser una persona feliz, satisfecha y productiva. Sí, ha sido una larga jornada, y no, no ha sido fácil, pero no lo cambiaría por nada. En esos días en los que proseguir parece especialmente difícil, ¡tan solo recuerde que está de camino a cosas mayores!

Siga recordándose que el diablo es un mentiroso, y reemplace sus mentiras por la Palabra de Dios. Cada vez que lo hace, está ganando una pequeña batalla que finalmente la hará ser victoriosa en la guerra que él ha lanzado contra su vida.

Usted no tiene que vivir con el tormento de la culpa y la vergüenza. Puede disfrutar su buena posición ante Dios mediante Jesús, la realidad de que Él ha llevado su culpa, vergüenza y remordimiento. Como hija de Dios que desea profundamente agradarlo a Él, habrá veces en las que se sienta avergonzada de algo que ha hecho que no está bien, pero esos sentimientos se pueden arreglar rápidamente por medio del arrepentimiento y recibiendo la misericordia de Dios.

CAPÍTULO 9

Encuentre su verdadero yo

De modo que si alguno está en Cristo, nueva criatura es;
las cosas viejas pasaron; he aquí todas son hechas nuevas.
—2 Corintios 5:17, RVR1960

No saber quiénes somos realmente causa confusión, falta de satisfacción y miseria emocional. Muchas personas crean falsas identidades y fingen ser algo que no son. Por ejemplo, si tenemos miedo de ser vulnerables, quizá desarrollemos una fuerte fachada externa para impedir que otros piensen que somos débiles o que necesitamos a los demás. El temor a lo que la gente piense de nosotras y desear su aprobación puede hacernos alterar nuestra personalidad en un esfuerzo por ser lo que creemos que otros quieren que seamos en vez de disfrutar de la libertad de ser nosotras mismas.

Los camaleones son lagartos que tienen la capacidad de cambiar de color para mezclarse con su entorno. Lo hacen para protegerse de los depredadores, y aunque nosotras no podemos cambiar de color, a veces desarrollamos una identidad falsa con la esperanza de protegernos del rechazo o la desaprobación.

Es bastante común que las personas heridas que tienen temor al rechazo busquen siempre agradar a los demás, viviendo su vida según lo que otras personas piensan que deberían ser y

hacer en vez de encontrar y convertirse en su verdadero yo. Nunca
somos libres mientras no seamos
libres para ser nosotras mismas.

> *Nunca somos libres mientras no seamos libres para ser nosotras mismas.*

El mundo nos presiona para que encajemos en cierta imagen que ellos aprueben. Nos dicen qué vestir, cuánto pesar, cómo peinarnos, el nivel de educación que necesitamos para ser expertas, cómo comportarnos en cada situación, y la lista continúa. Sin que se tenga que decir siempre, somos muy conscientes de que si no encajamos en estos moldes e imágenes, no seremos aceptadas y, por lo tanto, seremos rechazadas. A menudo pasamos más tiempo en relaciones intentando no ser rechazadas que estableciendo conexiones saludables.

Cuando recibimos a Jesús como nuestro Salvador, según las Escrituras nacemos de nuevo, o somos nuevas criaturas. Es un punto en nuestra vida en el que se nos invita a soltar todo lo viejo y a convertirnos plenamente en la maravillosa persona que Dios originalmente planeó que fuésemos antes de nuestra experiencia con el mundo y que el pecado nos hiriese. Nuestros pecados han sido perdonados, y tenemos la oportunidad de recibir el amor incondicional y la misericordia de Dios. Somos hechas de nuevo, y la vida está llena de posibilidad. Me gusta decir que nos convertimos en nuevo barro espiritual, y al permitir que el Espíritu Santo nos moldee, en vez de permitir que lo haga el mundo, podemos convertirnos en nuestro verdadero yo.

¿Está cansada de esconderse?

Fingir es solo una forma de esconderse. Nos escondemos de quien verdaderamente queremos ser y fingimos ser algo que creemos que nos protegerá, o algo que pensamos que se espera de nosotras. En *The Mask Behind the Mask* (La máscara detrás de la máscara), el biógrafo Peter Evans dice que el actor Peter Sellers hizo tantos papeles que algunas veces no estaba seguro de su propia identidad. Abordado una vez por un seguidor suyo que le preguntó: "¿Es usted Peter Sellers?". Sellers respondió bruscamente: "Hoy no", y siguió caminando.[18]

En lo más hondo de mi ser, siempre me sentí distinta a la mayoría de las mujeres, así que escondía quien realmente quería ser e intentaba desesperadamente ser como las otras mujeres que me rodeaban. Intenté hacer lo que ellas hacían, pensando que eso haría que me aceptasen mejor. Aún tenía que entender que nuestra verdadera identidad no se encuentra en lo que hacemos, sino en quiénes somos como individuos. El tipo de persona que somos es más importante que lo que hacemos.

Yo intentaba ser más tierna y mansa porque conocía y admiraba a mujeres que eran así. Ellas parecían disfrutar la vida con más facilidad que yo. Parecía que yo siempre estaba luchando contra algo, intentando ser más dura y estar al mando, mientras que a esas otras mujeres les resultaba fácil adaptarse a lo que otros querían hacer. Por fortuna, ahora me doy cuenta de que Dios no me creó para seguir sino para guiar, y por eso yo nunca le seguía el paso a lo que estaba ocurriendo. Si había que cambiar algo, yo era la primera en levantarme e intentar cambiarlo.

Nací para dirigir, pero definitivamente necesitaba que el Espíritu Santo me moldease un poco. Él nos moldea a imagen de Jesucristo, y después aprendemos a dejar que Jesús brille a través de nuestros dones y temperamentos particulares. Yo tenía mucho de lo que normalmente llamamos tosquedad, y fue necesaria la lija del Espíritu Santo para suavizarme y hacer de mí una persona con la que fuera más fácil tratar.

En un esfuerzo por ser una "mujer normal", sea esto lo que sea, también intenté aprender a coser para poder hacerle a mis hijas algunos de sus vestidos. Estoy segura de que aún están agradecidas de que no tuviera éxito en esa aventura. Convencí a mi esposo para plantar un huerto para poder ser más parecida a esas mujeres que yo sabía que tenían huertos, pero por mucho que intentaba plantar vegetales, siempre se me morían. Dios no nos ayudará a hacer algo que no nos ha pedido hacer o para lo que no nos ha dado dones. Aunque coser y cultivar son habilidades admirables, no eran lo que Dios quería que yo hiciera con mi tiempo, y por esa razón Él no bendecía mis esfuerzos, ni los hacía prosperar.

Mientras más fallaba en esos esfuerzos, peor me sentía conmigo misma. El ciclo destructivo de intentar hacer cosas y fallar continuó hasta que aprendí a ser lo suficientemente valiente como para ser yo misma. Intentarlo y fallar me frustraba, y por supuesto, volcaba esas frustraciones sobre las personas que más amaba: mi familia. Finalmente tuve que admitir que coser y cultivar me disgustaban, y cuando comencé a preguntarme honestamente qué era lo que me gustaba y quería hacer, me di cuenta de que me encantaba estudiar la Biblia y enseñarla. Tuve que dar un paso gigantesco para convertirme en mi verdadero yo.

Dios nunca le ayudará a ser alguien que no es. Él le ha dado dones para poder hacer algo especial, pero puede que no sea lo que otras personas están haciendo. Dedique un tiempo y examine su corazón para descubrir qué es lo que ama, y después encuentre el

> *Dios nunca le ayudará a ser alguien que no es.*

valor en Cristo para hacerlo. Aunque lo que usted desee hacer sea algo que nunca se ha hecho, recuerde que siempre hay alguien que será el primero en todo.

Yo había pasado tanto tiempo en mi vida intentando ser alguien que no era y negándome a mí misma en el proceso, que ya ni siquiera sabía cuáles eran mis propios deseos. ¿Quién era yo? ¿Qué quería hacer? ¿Dónde encajaba yo en el plan mayor de Dios?

Cuando usted encuentra su verdadero yo, encuentra un lugar en el que está cómoda consigo misma. Opera fácilmente en el papel que escoge en la vida y da buen fruto. Fingir ser alguien que en verdad no es usted es como llevar una ropa que le queda excesivamente ajustada. Usted la lleva puesta, pero nunca está cómoda. Ser una misma es como llevar su ropa más cómoda y sentarse en su silla acolchada favorita. El único papel con el que puede estar verdaderamente cómoda es con el que desempeña siendo usted misma.

¿Ha encontrado su punto óptimo en la vida? ¿Está cómoda siendo usted misma? ¿Cuánto se compara con otras y quizá intenta convertirse en alguien que no es? Hacerse estas preguntas puede que sea el comienzo de encontrar su verdadero yo, ¡y convertirse en el yo que Dios creó para usted!

Autoaceptación

Todos anhelamos la aceptación, pero la mayor necesidad que tenemos es aceptar nuestro yo único. He descubierto que mientras más he aprendido a aceptarme a mí misma, más me aceptan también otras personas. Cuando nos rechazamos a nosotras mismas y perdemos nuestro tiempo intentando ser alguien que no somos, otras personas también nos rechazan. La Biblia dice que conseguimos lo que creemos (ver Mateo 8:13) y que nuestros pensamientos se pueden convertir en nuestra realidad (ver Proverbios 23:7).

Nos comportamos según lo que creemos, y nuestra conducta

afecta cómo otras personas se sienten con nosotras. Si actuamos con confianza, eso hace que otras personas pongan su confianza en nosotras también. Pero si no actuamos con confianza, hace que otros no tengan confianza en nosotros. Como empleadora he experimentado a ambos tipos de personas.

Una vez tuve una ayudante ejecutiva que era una mujer encantadora, pero le faltaba confianza en sí misma. Finalmente no pude mantenerla en la posición que tenía debido a que su falta de confianza le impedía hacer el trabajo que yo necesitaba que hiciera. Ella tenía la habilidad, pero le faltaba la confianza para hacerlo.

Si quiere que la gente tenga confianza en usted, primero debe tener confianza en usted misma. Theodore Roosevelt dijo: "Crea que puede y ya estará a mitad de camino".[19]

Como hija de Dios, usted puede tener seguridad en Cristo, sabiendo que Él siempre está con usted y listo para ayudarle con cualquier cosa que necesite hacer en la vida.

Autorrechazo

Antes de que pueda aceptarse a sí misma, debe dejar de rechazarse a sí misma. Henri Nouwen, ministro y autor muy reconocido, ciertamente luchó para intentar encontrar su verdadero yo, y dijo: "Con los años, he llegado a darme cuenta de que la mayor trampa en la vida no es el éxito, la popularidad o el poder, sino el autorrechazo".[20] Él también dijo: "El autorrechazo es el mayor enemigo de la vida espiritual porque contradice la voz sagrada que nos llama Amados".[21]

Nuestro verdadero yo es alguien amado por Dios. Cualquier otra identidad es falsa. Si sabemos que somos las amadas de Dios, esto nos da confianza para alcanzar nuestro verdadero destino, sea este cual sea. Puede ser coser y tener un huerto, o puede ser viajar por el mundo predicando el evangelio. Pero sea cual sea nuestro verdadero destino, no es tan importante como que estemos cómodas con él. Para encontrar sanidad para nuestra alma, es importante permitir que la Palabra de Dios nos defina en vez de permitir que el mundo nos defina. Cuando nuestro tiempo en este mundo se acabe, la única opinión que importará será la de Dios, así que no pierda su vida preocupándose en exceso por lo que otras personas piensan de usted.

El mundo pone etiquetas a la gente: herida, abusada, traicionada, divorciada, rebelde, víctima, dañada, etc. Y demasiadas veces, nosotras permitimos que las etiquetas del mundo se conviertan en nuestra identidad y empiecen a definirnos. Quizá nos creemos lo que otros han dicho de nosotras porque no sabemos o se nos ha olvidado lo que Dios dice de nosotras.

Estos son unos cuantos versículos que nos dan una idea de cómo nos ve Dios:

> Pero ustedes son linaje escogido, real sacerdocio, nación santa, pueblo que pertenece a Dios, para que proclamen las obras maravillosas de aquel que los llamó de las tinieblas a su luz admirable. (1 Pedro 2:9)

Quizá usted es parte de una raza que ha sido rechazada, pero ahora Dios dice que usted es una raza escogida, que es especial, y que Él va a usarle para mostrar sus obras maravillosas y sus perfecciones.

> Concentren su atención en las cosas de arriba, no en las de la tierra, pues ustedes han muerto y su vida está escondida con Cristo en Dios. (Colosenses 3:2-3)

¿Lo ve? ¡Su nueva vida verdadera está escondida con Cristo en Dios! Usted tiene una vida real, un yo verdadero, pero solo se puede encontrar en Cristo. El nacimiento de ese yo verdadero ocurre cuando usted se convierte en hija de Dios mediante el nuevo nacimiento (recibiendo a Jesús como su Salvador).

> Y ponerse el ropaje de la nueva naturaleza, creada a imagen de Dios, en verdadera justicia y santidad. (Efesios 4:24)

Ahora, póngase la nueva persona que Dios la está llamando ser. Láncese por la fe en Él y sacúdase todas las viejas etiquetas. Llámese amada de Dios, segura, aceptada y fuerte en Él.

Pérdida de identidad

Satanás trabaja mucho para asegurarse de que no conozcamos nunca nuestra identidad como hijas amadas de Dios, o que en algún momento de nuestra jornada en la vida perdamos la sensación de esa verdad. Es equivalente a tener amnesia. Dave y yo de vez en cuando hablamos sobre lo que debe ser que una persona tenga amnesia. Imagínese despertarse en un hospital, que le digan que tuvo un accidente, y cuando le pregunten su nombre, no tenga ni idea de cómo se llama.

En *El caso Bourne*, Matt Damon interpreta a Jason Bourne, un operativo de las fuerzas especiales que ha sufrido amnesia y que está intentando descubrir quién es realmente. Lo esencial de su viaje no es muy diferente al nuestro.

En las montañas de Suiza, Jason hace autostop para llegar a París con una joven llamada Marie. Él está huyendo de la policía, pero ni siquiera está seguro de por qué huye. Intenta no hablar de su situación hasta que la frustración lo supera. Finalmente, como respuesta a una sencilla pregunta que ella le hace, se gira hacia ella y le dice desesperadamente: "No sé quién soy, ni a dónde voy".

Jason Bourne tenía todas las habilidades necesarias para no tener miedo de nadie ni de nada, pero como no sabía quién era, operaba con temor y desesperación. ¿Le describe eso a usted o a alguna persona que usted conoce? Ciertamente sería una buena descripción de mí en una etapa de mi vida. Tenía amnesia espiritual: no sabía quién era en Dios. No sabía que era su amada.

Muchas de nosotras estamos huyendo de algo, hacia algún lugar, pero es imposible saber a dónde vamos si no sabemos quiénes somos. Las huellas de Dios están en nuestra vida, y cuando lo buscamos a Él, las piezas comienzan a encajar en su lugar. Finalmente descubrimos que nuestro verdadero yo, nuestra verdadera identidad, se encuentra solo en Cristo, y solamente entonces descubrimos hacia dónde vamos con nuestra vida.

Una vez oí una historia sobre un predicador famoso que fue a una residencia de ancianos a visitar a pacientes de Alzheimer. Iba por los pasillos saludando a personas que se alegraban mucho de verle. Se acercó a una señora y le preguntó: "¿Sabe usted quién soy?". Ella dijo: "No, pero si acude al mostrador de información, se lo pueden decir".

¿Es esta su historia? ¿Ha estado preguntando a otros quién es usted durante tanto tiempo que ha perdido de vista su verdadero yo? ¿Se siente como si tuviera amnesia y que está intentando desesperadamente descubrir quién es? Si algo de esto la describe, sé exactamente cómo se siente. Recuerdo una época de mi vida en la que intentaba ser tantas personas distintas que verdaderamente se me olvidó lo que disfrutaba, lo que quería hacer, y lo que sentía que debía hacer. Lo único que sabía era que no era feliz. En mi esfuerzo por agradar a la gente para conseguir su aceptación, había perdido de vista quién era yo.

Para concluir este capítulo, permítame recordarle que usted es una nueva criatura en Cristo, y es su amada, única, valorada, querida y deseada por Dios mismo. Incluso cuando usted era pecadora, Él la amó lo suficiente como para morir en su lugar, llevando todo el castigo de sus pecados. Y si usted hubiera sido la única persona en la tierra, lo habría hecho solo por usted. La próxima vez que se encuentre con alguien y le pregunte cuál es su ocupación (como suelen hacer las personas), puede decirle cuál es su trabajo, pero nunca olvide que usted es mucho más de lo que hace, ¡usted es la amada de Dios!

CAPÍTULO 10

Prohibido estacionarse ni un momento

Pero el Señor le dijo a Moisés: ¿Por qué clamas a mí?
¡Ordena a los israelitas que se pongan en marcha!

—Éxodo 14:15

Un día iba en un automóvil y mi atención se dirigió a un letrero en la calle que decía: PROHIBIDO ESTACIONARSE NI UN MOMENTO. De inmediato pensé: *Todos necesitamos un letrero como ese para recordarnos que no estacionemos nuestra vida en un punto de dolor o decepción y nos quedemos ahí.*

Probablemente está leyendo este libro porque algo o alguien la hirió en el pasado, y quiero animarle a que no estacione su vida, sueños y metas en el lugar de su dolor y se rinda en la vida. Siga avanzando. Dios nos creó para ser personas que siempre se están moviendo hacia delante. Tener éxito en algo no es un logro puntual, sino más bien un estado continuo de ser.

> Tener éxito en algo no es un logro puntual, sino más bien un estado continuo de ser.

El apóstol Pablo es un gran ejemplo de alguien que siguió avanzando por muy difícil que le resultara hacerlo. Pablo fue enviado por Dios a compartir las buenas nuevas del evangelio de

Jesucristo, pero experimentó mucha oposición. Cuando la tragedia llegó en forma de un naufragio, una mordedura de serpiente,
un tiempo en la cárcel, o ser abandonado por quienes eran sus
asociados y amigos, e incluso cuando experimentó lo que él
llamó un "aguijón en la carne", Pablo fue la personificación de
no rendirse nunca. Si él se hubiera estacionado en el punto de su
dolor, se habrían perdido dos tercios del Nuevo Testamento que
Dios lo usó para escribir. Si usted se estaciona en su momento de
dolor, el resto del mundo se perderá lo que Dios quiere hacer a
través de usted.

Pablo habló de no alcanzar la meta de la perfección en su
caminar diario con Dios, pero dijo que una cosa hacía, la cual era
olvidar lo que queda atrás y proseguir hacia su meta (ver Filipenses 3:12-13).

Cuando llega el fallo o la dificultad, proseguir no siempre es
fácil, pero es lo que Dios nos llama a hacer. La pérdida del trabajo, el divorcio, la enfermedad, la injusticia, la muerte de un ser
querido, la incertidumbre y la confusión pueden detenernos en
seco si se lo permitimos. Pero es durante esos momentos cuando
es más importante seguir avanzando, aunque parezca que solo
está avanzando unos centímetros. Esos centímetros finalmente
se transformarán en mucho progreso. Es fácil rendirse y abandonar, pero se necesita mucha valentía para seguir avanzando en
medio de un dolor personal.

Recuerdo una vez cuando uno de mis hijos estaba en problemas, y era una situación que podía haber alterado la vida de forma
seria. Naturalmente, yo estaba muy preocupada y realmente
dolida emocionalmente y mentalmente. Había días en los que ni
siquiera quería levantarme de la cama, pero Dios me instaba a
levantarme y seguir poniendo un pie delante del otro. Durante
ese tiempo tenía programado enseñar en una conferencia, y

entre las sesiones me iba a mi cuarto y lloraba. Pero cuando llegaba el momento de la siguiente sesión, ponía un pie delante del otro, y al salir Dios me ayudaba a hacer lo que tenía que hacer. Al final, la situación tuvo una conclusión muy buena. Lo que podía haber sido un desastre se convirtió en una lección de sabiduría que ayudó a mi hijo a tomar mejores decisiones en el futuro.

La historia está llena de personas que superaron pronósticos abrumadores y reveses que les dio la vida. Helen Keller perdió la visión y la audición, pero consiguió grandes cosas a pesar de su discapacidad. La parálisis de Franklin Roosevelt podría haberlo derrotado, pero prosiguió y sirvió en la posición más alta de la nación como presidente. La historia está llena de relatos de personas ordinarias que lograron cosas extraordinarias porque no estacionaron su vida en su momento de dolor.

Recuerdo perfectamente a mi padre diciéndome: "Nunca conseguirás nada", pero con la ayuda de Dios vencí esas palabras.

> *Dios la está llamando a avanzar, no deje que nada la retenga.*

Todas tenemos la misma oportunidad de superar los obstáculos. Lo único que se necesita es una fe firme en Dios y mucha determinación. Se reduce a con qué se conformará en su vida. Dios la está llamando a avanzar, así que yo le animo a no dejar que nada la retenga.

Como hija de Dios, usted es una nueva criatura. Todas las cosas viejas pasaron y todas las cosas son hechas nuevas (ver 2 Corintios 5:17). Acepte esa verdad que se encuentra en la Palabra de Dios como su nueva normalidad y rehúse estacionarse en su momento de dolor.

Si ha estudiado la Biblia, estoy segura de que habrá oído de Abraham. Dios hizo un pacto con él e hizo grandes cosas por medio de él de las que todas nos seguimos beneficiando. Pero quizá no sepa que Dios previamente le había pedido a Taré, el padre de Abraham, que dejara Ur de los caldeos y se fuera a la tierra de Canaán. Aunque Taré comenzó su viaje, no lo terminó, así que Dios después se lo pidió a Abraham en su lugar (ver Génesis 11-12). Canaán era la tierra de la promesa que Dios quería dar a sus hijos, pero necesitaba a alguien con quien hacerlo.

Cuando Dios llamó a Taré para que fuese a Canaán, él salió según se lo indicaron, pero cuando llegó a la ciudad de Harán, se estableció allí. A menudo me he preguntado qué habría pasado si Taré hubiera seguido avanzando en lugar de permanecer en algún lugar de su viaje, pensando que quizá Dios hubiera hecho el pacto con él que finalmente hizo con Abraham. No lo sabemos de cierto, pero sin duda me parece que habría sido una posibilidad. ¿A cuántas personas llama Dios para hacer algo grande antes de encontrar a alguien que haga todo el recorrido con Él hasta la victoria?

¿Por qué se quedó Taré o estacionó en algún lugar del camino en vez de hacer todo el recorrido hasta el lugar donde Dios quería que fuera? Quizá el camino se volvió difícil, o quizá él se cansó de viajar. Imagino que nunca lo sabremos, pero sí sé que la Biblia dice que Taré vivió 205 años y murió en Harán (ver Génesis 11:31-32). Murió donde se estacionó.

Taré se conformó con menos de lo mejor de Dios para su vida. No deje que eso le ocurra a usted. Dios siempre ha tenido un plan muy bueno para usted y su vida (ver Jeremías 29:11), y las cosas que le han herido quizá le hayan producido una demora, pero no pueden detenerle mientras usted no se detenga. ¡No deje de avanzar!

Después, cuando Taré murió, Dios llamó a Abraham a hacer el viaje, y él hizo todo el recorrido con Dios y se convirtió en el patriarca del que todos los judíos trazan su linaje. Dios prometió que haría una gran nación a través de él, y lo hizo. Aunque la fe de Abraham fue probada, pasó sus pruebas y fue parte de la genealogía de Jesucristo.

Quizá usted esté viviendo un tiempo de prueba en su vida ahora mismo y la tentación de abandonar y rendirse es fuerte. Sepa esto: Usted tiene lo necesario para superarlo y experimentar la victoria, ¡porque Dios está de su lado!

> *Usted tiene lo necesario para superarlo y experimentar la victoria, ¡porque Dios está de su lado!*

A menudo intentamos saltarnos nuestros problemas o encontrar un camino que los rodee para no tener que lidiar con ellos, pero eso nunca produce buenos resultados en nuestra vida. Quizá evitamos tratarlos durante un tiempo largo, pero seguirán en nuestro camino hasta que encontremos el valor de pasar por ellos. Si esperamos ver el cumplimiento final de nuestros sueños, tenemos que hacer todo el recorrido por las cosas que bloquean nuestro camino. No podemos recorrer parte del camino y después estacionar cuando la vida sea difícil.

> Deseamos, sin embargo, que cada uno de ustedes siga mostrando ese mismo empeño hasta la realización final y completa de su esperanza. (Hebreos 6:11)

La señora en la camioneta

Poco después de que Dios me diera la idea de animar a la gente a no estacionar en su momento de dolor, vi una película titulada *The Lady in the Van* (La señora en la camioneta), la cual me impactó mucho. La película está basada en una historia real sobre la Sra. Shepherd, una mujer vagabunda que vivió en una camioneta amarilla estacionada en la acera de Alan Bennett en

Londres durante quince años. ¿Por qué? Porque había sido herida en su juventud, estaba afligida y se había desilusionado con la vida. Se sentía un fracaso, y experimentó una gran culpa durante su vida por matar accidentalmente a un hombre mientras conducía su camioneta. Todas esas cosas la hicieron rendirse en la vida. Estacionó su camioneta y no se movió hasta que murió.

La Sra. Shepherd fue en su tiempo una concertista de piano habilidosa y solicitada. Sentía que quería servir a Dios con su vida, y la única manera que conocía de hacerlo era entrar en un convento y hacerse monja. El convento tenía un piano, y a ella le gustaba y se realizaba tocándolo por las noches. Sin embargo, a la madre superiora por alguna razón no le gustaba la Sra. Shepherd, o quizá estaba celosa de su talento, y le dijo que le gustaba demasiado tocar y que Dios le estaba pidiendo que sacrificara el piano para demostrar su amor por Él. Ella obedeció, pero se le partió el corazón. Estaba herida en su alma, y las heridas la hicieron retirarse de otras personas, así como demostrar otras conductas particulares. Finalmente tuvo que dejar el convento y lo hizo sintiéndose rechazada, abandonada y sola.

El dolor de estos eventos hizo mella en su salud mental y emocional hasta que finalmente la llevaron a una institución para enfermos mentales. Tras ser liberada de allí, terminó viviendo en su vieja y desgastada camioneta, la cual pintó de color amarillo. Después de estacionarla en varios lugares y que finalmente le pidieran que se fuera de uno de ellos, habló con Alan Bennett para que le dejara estacionar en su acera durante un tiempo breve, pero nunca se fue de allí. Y quince años después, murió donde se había estacionado.

En la película, cuando se fue al cielo, la primera persona a la que se encontró fue el hombre que ella pensaba que había matado, quien inmediatamente le dijo: "Mi muerte no fue culpa suya; yo me puse delante de usted a propósito para acabar con mi vida".

Estuve pensando en esta película durante días después de verla, y finalmente la vi por segunda vez solo para recibir el impacto completo del mensaje. Para el productor de la película, habría sido tan solo una buena historia que contar, pero para mí fue un clásico ejemplo de lo que hacemos en nuestra vida cuando nuestra alma está profundamente herida. Nos estacionamos en el momento de nuestro dolor, y nos perdemos la mejor vida que hay a nuestra disposición por medio de Jesucristo.

La promesa de Dios de sanidad y restauración

Quizá no seamos capaces de evitar el dolor que encontramos en la vida que hiere nuestra alma, pero podemos decidir no dejar que arruine el resto de nuestra vida. No se atasque en un momento en el tiempo. A pesar de lo que nos ocurra, la vida continúa, y podemos proseguir con ella o quedarnos atrás, encarceladas en nuestro dolor y amargura.

Dios promete sanarnos y restaurarnos, pero eso no sucede de forma mágica sin acción alguna por nuestra parte. Creemos en las promesas de Dios, y por muy difícil que sea continuar, seguimos avanzando. Pablo nos anima a no apartarnos y encogernos por el miedo (ver Hebreos 10:38). Pablo les dijo a los hebreos, quienes estaban sufriendo mucho, que por la fe en Jesucristo preservarían su vida. Preservar significa mantener algo a salvo.

> Pero nosotros no somos de los que se vuelven atrás y acaban por perderse, sino de los que tienen fe y preservan su vida. (Hebreos 10:39)

No retroceda, ni se encoja de miedo ni se atasque en un momento en el tiempo, ni tampoco estacione en el momento de su dolor. Cada paso de fe que da es un paso hacia su restauración y sanidad.

El apóstol Pedro fue usado por Dios para sanar a un hombre que había estado paralítico durante ocho años (ver Hechos 9:33-34). Le dijo: "Eneas, Jesucristo te sana". Pero también le dijo algo más que debemos ver. Dijo: "Levántate y tiende tu cama". Verá, a este hombre enfermo lo había golpeado la vida y nunca había conseguido levantarse. Pedro le dijo que era el momento de levantarse. Jesús se encontró en una situación similar, salvo que el hombre que se encontró había estado enfermo durante treinta y ocho años, esperando un milagro. Estaba esperando que alguien se pusiera a su lado y arreglara su problema.

Jesús le dijo que se levantara, tomara su lecho y caminara (ver Juan 5:5-8). Jesús le dijo que hiciera lo imposible. Había estado inválido durante mucho tiempo, y ahora le estaban diciendo que se levantara. Quizá usted se sienta como ese inválido al leer este libro. Quizá esté pensando: *Joyce, me está pidiendo que haga cosas que son imposibles. ¡Sencillamente son demasiado difíciles!* Pero la verdad es que todo es posible para Dios, y nada de lo que Él nos pide hacer es demasiado difícil si confiamos en su fuerza que nos capacita para hacerlo.

Jesús es nuestro Sanador, pero habrá cosas que Él nos pide hacer en nuestra jornada, y si no las hacemos, entonces no experimentaremos la sanidad que nos está ofreciendo. Me pregunto cuántas personas habrían animado a la Sra. Shepherd a salir de la camioneta amarilla y mejorar su vida, y sin embargo ella no pasó a la acción. Para ella, probblemente la miseria de la camioneta era mejor que aprovechar la oportunidad de salir de ella y proseguir.

No es demasiado tarde

Estoy segura de que una de las mentiras que el diablo le ha dicho es que es demasiado tarde para usted. Sin embargo, nunca es demasiado tarde para que Dios sane y restaure a alguien. El inválido había estado en esa condición durante treinta y ocho años, y se levantó y fue sanado.

Nunca es demasiado tarde para desempolvar sus sueños y empezar a avanzar. Estoy segura de que la Sra. Shepherd aún podría haber tocado muy bien el piano si hubiera tenido el valor de intentarlo.

Los nuevos comienzos y los frescos inicios nunca escasean con Dios. Quizá se sienta olvidada y agotada, pero Dios no se ha olvidado de usted. Cosas nuevas y emocionantes le esperan, así que lo único que tiene que hacer para comenzar en su nueva vida es levantarse y seguir avanzando.

> *Los nuevos comienzos y los frescos inicios nunca escasean con Dios.*

Esta es la promesa de Dios para usted. ¡Aférrese a ella y no mire hacia atrás!

> Olviden las cosas de antaño; ya no vivan en el pasado.
> ¡Voy a hacer algo *nuevo*! (Isaías 43:18-19; énfasis de la autora)

Una mujer acerca de la que leemos en la Biblia, llamada Rut, se negó a estacionar en el momento de su dolor o de retirarse a una vida desgraciada. Su esposo, su cuñado y su suegro habían muerto, y tenía ante ella la decisión de seguir adelante con su suegra, que era muy pobre y no tenía forma de proveer para ellas, o de regresar a su país donde anteriormente había adorado ídolos.

Ella había llegado a creer en el único Dios verdadero, y obviamente había experimentado que la vida con Él era mejor que en el lugar de donde ella venía, aunque eso significara pasar tiempos difíciles. Su suegra le instó a regresar, recordándole que no tenía forma de proveer para ella, pero Rut dijo que no regresaría. Las dos prosiguieron, y Rut finalmente se casó con un hombre muy rico llamado Booz. Rut se convirtió en la bisabuela de David, y se le nombra como una de las cinco mujeres en la genealogía de Jesús en el primer capítulo de Mateo.

Poco se imaginaba Rut en ese momento que su decisión le posicionaría para la grandeza. Pero el resultado dependía de su decisión. Una mujer que había perdido todo, ¡rehusó creer que era demasiado tarde para un nuevo comienzo! (Para ver la historia completa de Rut, lea el libro de Rut en la Biblia).

Yo creo que usted también está posicionada para la grandeza. Tome la decisión correcta, la decisión de superar su dolor y disfrutar de todo lo que Dios ha planeado para usted.

CAPÍTULO 11

Usted no es un producto dañado

*Y vosotros estáis completos en él, que es la cabeza de todo
principado y potestad.*

—Colosenses 2:10, RVR1960

Recibí a Cristo siendo una niña de nueve años mientras visitaba a unos familiares que me llevaron a la iglesia con ellos. Mi vida no parecía haber cambiado mucho como resultado de haber pedido a Jesús que perdonara mis pecados y me salvara, pero recuerdo estar tumbada en la cama una noche siendo adolescente, pensando: *¡Algún día voy a hacer algo grande!* Ahora me doy cuenta de que era mi espíritu nacido de nuevo el que hablaba. Mi corazón había cambiado, y aunque antes no tenía esperanza, ahora tenía esperanza en que el abuso que estaba sufriendo algún día se terminaría.

Tenía otros pensamientos que no eran tan positivos. Recuerdo de adolescente intentar irme de casa en cuanto terminara la secundaria y cumpliera dieciocho años. Pensaba en mi vida y lo que podría hacer o lo que me sucedería, y recuerdo perfectamente pensar: *Siempre tendré una vida de segunda categoría porque mi padre abusó de mí.* Me veía como un producto dañado, alguien que siempre necesitaría conformarse con lo que pudiera conseguir en la vida. De hecho, planifiqué tener una vida de segunda categoría, y eso es triste.

Me gustaría decir que los mensajes que oía de mi espíritu nacido de nuevo ahogaban los mensajes negativos y derrotistas que recibía, pero no era así, al menos no lo fue durante varios años más. Esporádicamente tenía destellos de esperanza, pero la negatividad en mi mente siempre la ahogaba. Quizá usted también va y viene entre creer que las cosas pueden mejorar y después dudar de que algún día lo hagan. No se desanime; Dios se encontrará con usted donde esté y le ayudará a llegar a donde tenga que estar.

> *Dios le ayudará a llegar a donde tenga que estar.*

Me fui de casa, y al poco tiempo conocí a un chico apuesto que se fijaba en mí. Me pidió que me casara con él después de conocernos durante unos meses, y aunque sentía cierta reserva e intranquilidad para aceptar su ofrecimiento, aun así lo hice. Esa decisión añadió más dolor a mi alma ya herida y abatida, y durante cinco años abusó de mí de formas que no había experimentado previamente. Me era infiel regularmente. La mayor parte del tiempo no trabajaba, y se convirtió en un ratero que les robaba a amigos y familiares para salir de fiesta con sus amigos.

Una noche me desperté dándome cuenta de que él estaba intentando quitarme mi anillo de boda de mi dedo. No valía tanto, pero sabía que quería venderlo. Teníamos un hijo, y mientras estuve embarazada, él vivía con otra mujer, afirmando que el bebé que yo llevaba en mi vientre no era suyo. Viví sola durante mi embarazo y trabajé hasta que no pude seguir trabajando y me encontré en el punto de no tener ni dinero ni un lugar donde vivir. Por fortuna, una mujer que conocía y que me arreglaba el cabello fue amable, y me ofreció irme a vivir con ella y su madre hasta que tuviera el bebé.

Cuando di a luz a nuestro hijo, mi esposo vino al hospital y quería que volviéramos a estar juntos, y como siempre, yo lo acepté. Era muy común para él abandonarme por otras mujeres y al final regresar diciéndome lo mucho que lo sentía, y yo siempre lo recibía. Este tipo de conducta es común en las mujeres que tienen el alma herida. Debido a que se ven a sí mismas como que no se merecen nada mejor, o tienen miedo a estar solas toda su vida, siguen dejando que los hombres abusen de ellas de distintas maneras en vez de valerse por sí mismas.

Cuando él y yo salimos del hospital con nuestro hijo, a quien llamé David, no teníamos a dónde ir. Aunque nunca había dormido en la calle o en mi auto, estuve sin casa durante ese periodo de tiempo y tuve que depender de la caridad y ayuda que me brindaron algunas personas. Mi esposo tenía una excuñada que se había divorciado de su hermano. Ella era una mujer amable y cristiana, y nos dejó vivir en una habitación de su casa hasta que volví a trabajar y pudimos mudarnos. Muy poco después de mudarnos, mi esposo se volvió a ir con otra mujer, y ya no pude soportarlo más y le pedí el divorcio.

En ese punto de mi vida estaba enterrada bajo tantas capas de dolor emocional y temor acerca del futuro que estaba totalmente desesperanzada. Recuerdo orar y pedirle a Dios que algún día me permitiera ser feliz y me diera a alguien que verdaderamente me amara, y un año después él respondió a esa oración. Conocí a Dave, con quien llevo casada más de cincuenta años. Los primeros veinte años de ese matrimonio fueron muy difíciles.

Mi alma estaba dañada. No pensaba, ni sentía ni me comportaba bien. Eso es lo que nos ocurre cuando nuestra alma está herida. Lo vemos todo a través de las lentes de nuestro quebranto y dolor, y es difícil creer que algo en la vida mejorará algún día. Yo tenía muchos temores, y a la vez actuaba como si nada me asustara. Vivía con una falsa valentía que de hecho se manifestaba en que yo quería controlar a todos los que me rodeaban para que no pudieran hacerme daño. Pensaba que estaba siendo valiente, pero realmente estaba siendo grosera y desagradable.

Estaba insegura pero intentaba fingir que no lo estaba. Era deshonesta conmigo misma y con todos los demás, y mi vida se había convertido en un hábito de fingir en algún área la mayor parte del tiempo. Solamente recordar cómo era yo en ese tiempo, ¡me hace pensar en lo grande que es nuestro Dios! Verdaderamente Él me ha librado de múltiples problemas y ha sanado mi alma herida.

Sana y completa

Cuando nos ponemos en las manos sanadoras de Dios, puede que estemos quebrantadas y dañadas, pero terminamos sanas y completas, sin evidencia alguna de haber estado estropeadas. Cuando hablo de cómo solía ser yo, siento que estoy hablando de alguien a quien en un tiempo conocí, y ahora es solo un difuso recuerdo.

Si entendemos que estamos completas en Cristo, entonces nunca tenemos que creer que estamos dañadas y que tenemos que conformarnos con un segundo plato en la vida. Estar completa en Cristo significa que cualquier cosa que nos falte, Él la compensa. Su fuerza se muestra en nuestra debilidad (ver 2 Corintios 12:9); nuestro pecado queda absorbido por su misericordia y perdón. Nuestro pasado desaparece con la luz de la nueva vida que Él nos ofrece.

Cuando nacemos de nuevo, recibimos el Espíritu de Dios y nuestro espíritu queda sano, completo y totalmente nuevo, pero seguimos necesitando que se haga una obra en nuestra alma. Dios hace la obra desde dentro hacia fuera, usando su Palabra y nuestra comunión con Él para continuar la obra que ha comenzado. Gradualmente, eso perfecto y completo que Dios hizo por su gracia en nuestro espíritu actúa en nuestra alma. Cuando digo que estamos completas y sanas en Él, es un hecho verdadero. Es quienes somos en Cristo. Ha ocurrido y, sin embargo, puede que no siempre pensemos, sintamos o nos comportemos como si estuviéramos completas, pero lo estaremos si seguimos avanzando en fe.

Este es un ejemplo que pienso que ayudará a aclarar mi punto. Recientemente tuve una operación de prótesis de cadera. En palabras de mi médico, la cirugía es una salvaje. Se estiran los músculos para permitir que el equipo de cirujanos pueda llegar a la articulación de la cadera, y cuando lo hacen, usan una sierra para quitar la articulación del fémur de la pierna. La nueva articulación se pone en su lugar y se fija, se cierra el corte de la cirugía, y comienza la sanidad. Aunque fui capaz de ponerme de pie y caminar mientras me apoyaba en un andador el mismo día, la sanidad ha sido gradual. He mejorado bastante, pero había periodos de varios días, o incluso toda una semana, en los que sentía que no estaba avanzando nada. Durante esos periodos, Dave me recordaba que fuera paciente. Ahora estoy en un punto en el que realmente no tengo dolor, pero me resiento de los músculos delanteros de la pierna. Pero cuando pase algo más de tiempo, ni siquiera me enteraré de que sufrí una cirugía.

Usando este ejemplo, pensemos en las heridas emocionales que tenemos por haber sido abusadas o heridas de alguna forma. Cuando nacemos de nuevo (recibiendo a Jesús como nuestro Salvador), Él nos hace completas y sanas en nuestro espíritu, pero quizá sigamos notando por un periodo de tiempo cosas en nuestras emociones, patrones de pensamiento y conductas que aún no han sido restauradas del todo. Una manera de decirlo sería: "Jesús sana nuestras heridas pero a veces las contusiones duran un tiempo más". Llegué a casa con una cadera nueva, pero toda mi cadera y la zona de alrededor estaban extremadamente amoratadas.

Cuando se trata de la sanidad del alma, es muy importante durante el proceso no creer que no ha pasado nada en nuestra vida y volver a sentir que estamos dañadas y que no tenemos arreglo. Cuando Jesús viene a su vida, usted es hecha nueva por dentro, y ese cambio funciona desde dentro hacia fuera, y luego todos pueden ver la maravillosa obra que Dios ha hecho en usted. Sea paciente.

Si tan solo

No deje que el diablo la convenza de que porque abusaron de usted o la usaron significa que su vida nunca puede ser todo lo buena que podría haber sido si las cosas hubieran sido distintas en su vida. No viva con la idea de: *Si tan solo*. Nada de su pasado tiene que importar si usted no deja que importe. He compartido con usted las cosas trágicas que he vivido y, sin embargo, en mi vida hoy no hay evidencia de que en un tiempo estuve dañada. Cuando Dios hace algo nuevo, ¡es completamente nuevo!

Incluso después de ser cristiana, perdí muchos años con pensamientos de este tipo: *Las cosas me van mejor, pero serían geniales* si tan solo *no hubieran abusado de mí. No tendría algunos de los problemas que tengo ahora si tan solo hubiera tenido una infancia normal con padres que realmente me amaran de forma adecuada.*

Asistí a una iglesia durante más de diez años y aprendí algunas cosas valiosas, pero no me enseñaron nada sobre la sanidad emocional o sobre tratar con el trauma que las personas experimentan después de haber recibido abuso. Cuando empecé a leer la Palabra y buscar a Dios por mí misma, comencé a experimentar el poder sanador de Dios, y a veces pensaba: *Estaría mucho más lejos si tan solo en mi anterior iglesia me hubieran enseñado mejor sobre esto.*

Si vamos por ese camino, nunca nos quedaremos sin cosas de las que decir *si tan solo.* No podemos regresar y cambiar la forma en que fueron las cosas, pero podemos avanzar y no volver a mirar atrás. En vez de decir que las cosas serían buenas *si tan solo* esto o aquello fuera diferente, diga: "Confío en que Dios tome lo que ocurrió y haga que todo sea para mi bien y me haga ser mejor persona gracias a ello".

> *No podemos regresar y cambiar la forma en que fueron las cosas, pero podemos avanzar y no volver a mirar atrás.*

¿Dónde está la evidencia?

Puede que en un tiempo usted fuera herida o dañada, pero llegará el día en que no habrá evidencia en su vida de que eso ocurrió. No creo que nadie mire ahora mi vida y vea evidencia alguna de que fui abusada, abandonada, me divorcié y casi fui indigente. Muchos otros pueden testificar de lo mismo en sus propias vidas, e incluso si usted aún no ha llegado a ese punto, llegará si no se rinde.

Hay una historia en el libro de Daniel sobre tres jóvenes que escogieron ser arrojados a un horno de fuego en vez de postrarse y adorar a otro dios. Se había emitido un decreto que decía que cualquiera que no se postrara ante el rey sufriría en el horno, y se esperaba que ellos muriesen allí. Sadrac, Mesac y Abed-nego rehusaron postrarse, y fueron arrojados al horno. Sus acciones enfurecieron tanto al rey Nabucodonosor, que ordenó que calentaran el horno siete veces más de lo normal. Estaba tan caliente que las llamas que salieron de él ¡mataron a los hombres encargados del horno! Los tres jóvenes estuvieron en el horno en medio de las llamas, pero cuando el rey miró, asombrosamente vio a cuatro hombres y fue testigo de que el fuego no estaba consumiendo a Sadrac, Mesac y Abed-nego. Sabemos que el cuarto Hombre en el horno era el Ángel del Señor, una manifestación de Jesús.

Cuando el rey hizo abrir el horno y los tres jóvenes salieron, la Biblia dice que no sufrieron daño alguno. Daniel 3:27 dice que "el fuego no les había causado ningún daño, y ni uno solo de sus cabellos se había chamuscado; es más, su ropa no estaba quemada ¡y ni siquiera olía a humo!".

Usted puede salir del horno de fuego de su vida, y no habrá evidencia de que estuvo en él. Ni siquiera el olor de la vida que una vez vivió se le pegará. Usted no es un producto dañado, y le insto a no pensar que lo es. No piense en tener una vida de segunda categoría, sino piense en una vida maravillosa en la que hará cosas maravillosas.

> *Piense en una vida maravillosa en la que hará cosas maravillosas.*

Comer siempre en la mesa del rey

El rey Saúl tuvo un nieto llamado Mefiboset. Era el hijo de Jonatán, que tenía una relación de pacto con David, quien se convirtió en rey después de Saúl. Las relaciones de pacto bíblicas se tomaban muy en serio, y mucho después de que Saúl y Jonatán hubieran muerto, David siguió buscando a alguien de su linaje al que pudiera bendecir para honrar su pacto con Jonatán.

El rey David averiguó si había alguien de la familia de Saúl a quien pudiera beneficiar en memoria de Jonatán. (2 Samuel 9:1)

> —¿No queda nadie de la familia de Saúl a quien yo
> pueda beneficiar en el nombre de Dios?—volvió a pre-
> guntar el rey.—Sí, Su Majestad. Todavía le queda a Jona-
> tán un hijo que está tullido de ambos pies—le respondió
> Siba. (2 Samuel 9:3)

El niño vivía en una ciudad llamada Lo Debar, y el nombre significaba "sin pastos". Suena a un lugar árido y miserable. Incluso
aunque vivamos en lugares áridos y miserables, Dios nos está
buscando porque quiere bendecir a alguien por causa de Jesús.
Dios no nos bendice porque lo merezcamos, sino simplemente
porque le dijo a Jesús que bendeciría a todos los que creyeran
en Él. Mefiboset no estaba buscando un cambio en su vida, pero
David lo estaba buscando a él. Era el nieto del antiguo rey, pero
vivía en circunstancias miserables, aunque podía haber estado
comiendo continuamente en la mesa del rey por la relación de
pacto que existía entre su padre y el rey David.

Cuando Mefiboset fue llevado ante David, respondió con
temor. David le dijo que no tuviera miedo, porque él le mostraría
bondad por causa de su padre y restauraría todo lo que era legítimamente suyo. También le dijo que comería siempre en su mesa.

Tan solo piense en esto: ¡Dios quiere restaurar todo lo que
usted ha perdido! Él la ha buscado y la está invitando a comer
siempre de su mesa de bendición y gozo.

La forma en que respondió Mefiboset al ofrecimiento de David
nos dice por qué vivía tan por debajo de su derecho heredado.

> Mefiboset se inclinó y dijo:—¿Y quién es este siervo suyo,
> para que Su Majestad se fije en él? ¡Si no valgo más que
> un perro muerto! (2 Samuel 9:8)

¿Lo ve? Vivía una vida de segunda categoría porque se veía a sí mismo como un producto dañado. Tenía una imagen de sí mismo como un perro muerto. Vaya. Eso puede enseñarnos una enorme lección si así lo permitimos. ¿Ha estado usted viviendo una vida inferior porque ha tenido una mala autoimagen? ¿Se siente sin valor alguno, dañada... como si fuera demasiado tarde para usted? Si es así, es tiempo de salir de Lo Debar (un lugar árido y miserable), ¡y entrar en el castillo del Rey!

A partir de ese día, David proveyó todo lo que Mefiboset y su hijo pequeño Micaías necesitaban, y la Biblia dice que él comía continuamente de la mesa del rey aunque era tullido de ambos pies (ver 2 Samuel 9:13). Me encanta esa parte. Me ayuda a entender que aunque estemos cojas (con debilidades), aun así podemos comer de la mesa de nuestro rey Jesús.

¿Ha estado usted gateando por debajo de la mesa, conformándose con las migas que caían al piso? ¿Se ha conformado con menos de lo mejor de Dios? Imagínese cómo se sentiría si preparase una maravillosa comida y llamase a sus hijos a comer, y todos se metieran debajo de la mesa y comenzaran a decirle lo indignos que son y que no merecen en absoluto sentarse en la mesa. Así es como Dios se siente cuando rehusamos recibir sus bendiciones porque creemos que estamos dañadas y, por lo tanto, no merecemos nada. Jesús pagó un alto precio por nuestra sanidad y restauración cuando murió en la cruz, así que empecemos a recibir los beneficios que Él compró para nosotras con su sacrificio.

No tiene que sacrificarse más porque Jesús lo ha hecho por usted, así que ahora puede sentarse a la mesa, ¡y comer con el Rey!

CAPÍTULO 12

Las heridas del pecado

Por causa de mi insensatez mis llagas hieden y supuran.
—Salmos 38:5

Nuestras almas están heridas debido a cosas terribles que otros nos hacen, pero a menudo resultamos heridas a causa de nuestro propio pecado. Algunas veces las heridas más profundas de nuestra alma son el resultado del pecado personal y el efecto que ha tenido sobre nuestra mente, emociones y cómo nos vemos a nosotras mismas en general. Puede que estemos plagadas de pensamientos y sentimientos de culpa, y experimentemos autorrechazo o incluso autodesprecio.

Nuestros pecados no solo nos hieren a nosotras, sino que también hieren a las personas que amamos y nos importan. Julie es una mamá con hijos adultos que están heridos, y ella es quien los hirió. Era alcohólica, y estaba ausente del hogar o estaba desmayada y no disponible. Había muchas veces en las que se mostraba violenta durante su estado de embriaguez. Como resultado de su alcoholismo, ella y su esposo se divorciaron. Ella finalmente fue a un centro de tratamiento, pero para entonces su hijo ya era iracundo y tenía un mal comportamiento, y su hija estaba deprimida y era insociable. ¿Qué debe hacer ahora Julie? Ella siente mucho todo el dolor que les causó, y se lo ha dicho, pero todos tienen el alma herida, Julie incluida.

Antes de que sus hijos se fueran de casa, Julie recibió a Jesús y asistía a una iglesia regularmente. Quería que ellos también asistieran con ella, pero estaban en el final de su adolescencia para ese entonces y no estaban interesados. Fueron a la universidad y finalmente se casaron y tuvieron sus propios hijos, pero su relación con Julie seguía siendo distante. Era obvio que estaban llenos de resentimiento y preferían pasar el menor tiempo posible con su madre.

Ahora Julie tiene heridas en su alma por saber que hirió a sus hijos y por sentir que ellos la rechazan. Aunque entiende por qué se siente así, sigue siendo doloroso. ¿Qué puede hacer? ¿Qué puede sanar este tipo de heridas? Tengo algunas sugerencias que están basadas en las Escrituras que le ayudarán:

Lo primero que debe hacer es hablar abiertamente con Dios sobre su pasado, contándole todo y no guardándose nada. El rey David pecó gravemente al cometer adulterio con Betsabé y haciendo que su esposo, Urías, resultase muerto para impedir que supiera lo que David había hecho. Después tomó a su esposa para casarse con ella. David de algún modo se las arregló para ignorar su pecado durante casi un año, pero finalmente se sentía tan miserable que tuvo que confrontarlo.

Me gustaría compartir con usted en mis propias palabras lo que dijo David: *Cuando guardaba silencio, antes de confesar mi pecado, me sentía como si me estuviera consumiendo y mi alma gemía todo el día. Sabía que tú, Dios, no estabas contento, y sentía continuamente que tú tratabas conmigo. Me sentía en mi alma como si estuviera viviendo en una sequía de verano. Finalmente, reconocí mi pecado. No te escondí nada, y lo confesé hasta que todo salió a la luz. Cuando lo hice, tú perdonaste al instante mi iniquidad y mi culpa* (paráfrasis de Salmos 32:3-5).

Aunque Dios ya sabe todo lo que hacemos en todo momento,

es importante para nosotras reconocer plenamente nuestros errores porque eso ayuda a limpiarlos de nuestra alma. Podemos hablar con Dios en cualquier momento sobre todo y saber que nunca experimentaremos juicio o rechazo. Hablar sobre las cosas que están ocultas en la oscuridad es a menudo lo que nos libera de ella. Dios desea la verdad en lo más hondo (ver Salmos 51:6).

Nunca tenga tanto miedo a la luz que decida mantenerse en la oscuridad. Aunque David había ignorado su pecado durante mucho tiempo, es obvio por su confesión que sentía el peso de ello. Quizá se mantenía muy ocupado para no tener que abordarlo, o quizá incluso lo excusaba, al

> *Nunca tenga tanto miedo a la luz que decida mantenerse en la oscuridad.*

menos eso es lo que yo he hecho a menudo en el pasado para evitar tratar mi propia conducta errónea. Otra forma en la que podemos evitar tratar nuestro pecado es culpar a otra persona. Puede que nos convenzamos de que si ellos no hubieran hecho lo que hicieron, entonces nosotras no habríamos hecho lo que hicimos. Aunque puede que haya algo de verdad en este tipo de pensamiento, nunca seremos libres de la carga del pecado a menos que asumamos la responsabilidad del mismo y lo saquemos a la luz, primero ante Dios y después, si es necesario, ante las personas.

Lo siguiente que debe hacer es recibir el perdón que ha pedido. Recíbalo por fe y recuerde que sus sentimientos quizá no cambien de inmediato. Aprenda y medite en las Escrituras sobre el perdón de Dios y la maravillosa misericordia de Dios hasta que estas verdades se conviertan en una revelación en su vida. Cuando eso ocurra, sus sentimientos se alinearán con la verdad de la Palabra de Dios. Recuerde que cuando David reconoció su pecado con un corazón arrepentido, Dios lo perdonó *al instante*.

Jesús ya ha pagado por nuestros pecados, y el perdón está a nuestra disposición si lo recibimos por la fe.

Hable abiertamente con las personas a las que haya herido. Quizá necesite hacer algo más que tan solo decir que lo siente. Comparta con ellas lo que ocurría con usted en ese tiempo en el que las hirió y lo mucho que lamenta lo que hizo. Pídales humildemente que la perdonen y le den otra oportunidad. No ponga excusas, porque si lo hace, eso rebajará el efecto de sus disculpas.

Si ellas no están dispuestas o no pueden perdonarla en ese momento, dígales que lo entiende y ore por ellas de forma regular. Pídale a Dios que les dé la gracia para perdonarla porque Él es verdaderamente el único que puede hacerlo. Pídale que sane las heridas de sus almas.

Continúe mostrándoles amor cuando se presente la oportunidad. El amor cubre multitud de pecados (ver 1 Pedro 4:8). También tiene la capacidad de ablandar incluso el corazón más duro. Cuando seguimos siendo amables y amando a quienes están endurecidos con nosotros, finalmente eso tendrá un efecto maravillosamente sanador sobre ellos.

Tendrá que ser paciente, porque probablemente las personas a quienes hemos herido necesitarán tiempo para creer que hemos cambiado y que verdaderamente lo sentimos. Tenemos que recordar que así como nuestras heridas tardan en sanar, también le sucederá a las de ellas.

No viva con el peso de la culpa

Incluso si algo que hicimos hirió a alguien, eso no significa que debamos vivir eternamente con sentimientos de culpabilidad y reproche. Al arrepentirnos y pedir a otros que nos perdonen por cualquier dolor que les hayamos causado, tenemos que soltar la culpa. Culpar significa acusar o condenar, así que es importante que deje de acusarse y condenarse por los errores pasados. La Palabra de Dios promete que no hay condenación para los que están en Cristo (ver Romanos 8:1). Jesús no vino al mundo para condenarlo, sino para salvarlo (ver Juan 3:17).

> *Jesús no vino al mundo para condenarlo, sino para salvarlo.*

Mi hijo mayor, David, fue un joven iracundo y muy rebelde durante varios años de su adolescencia y los primeros años de adulto. Recuerdo un día en el que yo intentaba corregir su conducta y me dijo: "¡No sería así si no me hubieras tratado como lo hiciste!". ¡Ay! Sentí el aguijón de sus palabras y me fui de allí sintiéndome condenada.

¿Qué quería decir él? Debido al abuso en mi infancia, yo estaba enojada casi todo el tiempo y era muy difícil de agradar, y David estaba siendo perjudicado por mi ira y la conducta disfuncional en mi vida. Yo les gritaba mucho a mis hijos y los presionaba para que fueran lo que yo quería que fueran en vez de ayudarles a ser lo que Dios quería que fueran. Cuando David llegó a la adolescencia, yo ya estaba en una mejor situación en mi vida, pero él aún estaba resentido por el pasado.

Aunque me había disculpado sinceramente con él, explicándole que me equivoqué y que quería que las cosas fueran mejor entre nosotros, frecuentemente él me sacaba su tarjeta que decía: "Es culpa tuya que yo sea así". Era su forma de culparme en vez de asumir la responsabilidad de su conducta. Recuerdo claramente un día en que salí de su cuarto sintiéndome muy culpable después de que él me acusara de ser la fuente de su mala conducta, pero Dios comenzó a hablar claramente a mi corazón. Me mostró que yo había hecho todo lo que podía, y que llevar una carga de culpa nunca arreglaría la situación. Me dijo que mi hijo tenía la misma oportunidad que yo de ser sanado de las heridas del pasado, y si él rehusaba hacerlo, entonces yo no podía hacer nada más salvo entregárselo a Dios.

Eso me ayudó mucho y pude entregarle la situación a Dios. Es muy interesante que David nunca volvió a decirme que era culpa mía que él estuviera enojado y que fuera rebelde. Nuestra relación continuó creciendo, y ahora tiene más de cincuenta años y me dice frecuentemente lo mucho que me ama y respeta.

Creo que fue importante para mí dejar de llevar la culpa para que Dios obrara en la situación. Si usted lleva cargando la culpa por algo que hizo en el pasado, la animo a soltarla y darse cuenta de que aunque no puede regresar al pasado y deshacer algo que hizo que lastimó a alguien, no hay nada imposible para Dios. Él puede cambiar el corazón de la persona a la que usted hirió y sanar las heridas que ambos tienen.

Admito que cuando hemos herido profundamente a alguien, es muy difícil soltar la carga de nuestras acciones, pero es verdaderamente lo único que podemos hacer para continuar con la vida.

Quiero, pero es muy duro

No deberíamos estacionarnos en el punto de nuestro dolor causado por lo que otros nos hicieron o por lo que nosotras les hicimos. Hacerlo podría dejarnos con el alma herida. Pero Dios nos ofrece un nuevo comienzo, y eso significa que debemos soltar el pasado y no mirar atrás. Suelte toda culpabilidad, reproches y vergüenza del pasado, y deje que Dios muestre su poder en su vida.

Jesús dijo que nadie que pone su mano en el arado y mira atrás es apto para el reino de Dios (ver Lucas 9:62). Creo que esto significa que no podemos experimentar la maravillosa vida que Dios nos ofrece a menos que dejemos de mirar atrás a todos nuestros errores del pasado. Soltar el pasado puede ser algo difícil de hacer, pero es mucho mejor que volver a revivirlo cada día de su vida.

Tenga cuidado con pensar y decir que las cosas que Dios le pide son demasiado duras. Dios nos da su Espíritu para hacer cosas duras y difíciles, para hacer cosas que las personas que viven sin Dios en sus vidas no son capaces de hacer. Con mucha frecuencia, oigo a las personas decir: "Sé lo que Dios quiere que haga, pero es demasiado duro". También las veo que siguen viviendo su vida y son infelices y no están satisfechas.

Estar convencida de que hacer la voluntad de Dios es demasiado duro, a menudo provoca que la gente se aleje de su compromiso con Cristo. En un tiempo pretendían obedecer por completo al Señor, pero cuando Él les pidió que hicieran algo difícil, decidieron que era demasiado duro y regresaron a su antigua manera de vivir. Muchos de los discípulos que una vez siguieron a Jesús regresaron a su antigua forma de vivir cuando Él les pidió hacer cosas que les parecían demasiado duras (ver Juan 6:60-66). Dios nunca nos pide hacer nada a menos que Él nos capacite para hacerlo. Él quiere que creamos y demos pasos de fe, y cuando lo hacemos, ¡descubrimos que con Dios todo es posible!

Deje de castigarse

Se nos invita a una relación de confianza en Dios para absolutamente todo, y una de esas cosas es confiar en que Él se ocupará del pasado con todos nuestros errores y el dolor que experimentamos por ellos.

No importa lo que usted haya hecho, y no importa lo malo que fuera, hay un nuevo comienzo para usted. Creer eso es el primer paso hacia su nueva vida. Cuando al principio intenté soltar las cosas que había hecho que habían herido a otros, sentía culpa solo por intentar soltarlo. Sabía que yo era culpable, y sentía que debía ser castigada. Frecuentemente sentimos que merecemos el castigo, así que nos castigamos al seguir siendo desgraciadas, pero la buena noticia del evangelio de Cristo es que Él llevó nuestro castigo. Él fue herido por nuestras transgresiones (ver Isaías 53:4-5). En verdad Él llevó los dolores del castigo que nosotras merecíamos. Como Él fue castigado por nuestros pecados, ya no tenemos que castigarnos a nosotras mismas, ni deberíamos hacerlo. Si seguimos castigándonos, entonces Cristo murió en vano. Deténgase y pregúntese si se sigue castigando por las cosas que ha hecho mal en el pasado, y si su respuesta es sí, es tiempo de soltarlo.

Qué maravilloso sería si alguien estuviera en prisión de por vida por un crimen que hubiera cometido y un día el carcelero entrara en la celda, abriera la puerta y le dijera: "Eres libre porque alguien se ha ofrecido a cumplir tu sentencia y a aceptar tu castigo". Qué necio sería que la persona dijera: "No, no puedo soltar lo que hice. Quiero quedarme aquí y seguir sufriendo. Quiero que me castiguen". La mayoría de nosotras podríamos fácilmente estar de acuerdo en que sería necio y que casi nadie lo haría, y sin embargo, hacemos lo mismo si rechazamos lo que Jesús ha hecho por nosotras.

Jesús se convirtió en nuestro sustituto, Él ha sufrido y ha sido castigado por nuestros pecados. Él fue herido por nuestras transgresiones. Sus heridas han sanado nuestras heridas, pero eso solo se convierte en realidad en nuestra vida cuando lo creemos y soltamos el pasado.

Puede confiar en Dios para todos los errores de su pasado. Él es capaz de sanar y salvar hasta lo más profundo (ver Hebreos 7:25). Nadie está fuera de su alcance ni siquiera usted, ni tampoco las personas a quienes usted puede haber herido.

CAPÍTULO 13

Aprender a vivir desde dentro hacia fuera

Con Cristo estoy juntamente crucificado, y ya no vivo yo, mas vive Cristo en mí; y lo que ahora vivo en la carne, lo vivo en la fe del Hijo de Dios, el cual me amó y se entregó a sí mismo por mí.

—Gálatas 2:20, RVR1960

Cuando aceptamos a Cristo como nuestro Salvador, Él hace una obra maravillosa en nosotras. Él viene a vivir en nuestro interior y nos da una nueva naturaleza y un nuevo espíritu, y ambos son de Él. Todo lo que Jesús es viene a vivir en nosotras, en nuestro espíritu nacido de nuevo.

Recibimos su justicia, su paz, su gozo y el fruto de su Espíritu. Somos justificadas en Él, redimidas en Él y santificadas en Él. Tenemos la mente de Cristo, somos perdonadas, morimos al pecado, y esto es solo el comienzo de lo que la Palabra de Dios dice que somos y tenemos en Cristo.

¿Alguna vez ha estado tan desanimada con la forma en que vive su vida que pensó o dijo: "Desearía tener la vida de otra persona"? Eso es exactamente lo que sucedió cuando recibió a Jesús como su Salvador, ya que Él tomó su vieja vida y usted obtuvo la vida de Dios. En Gálatas 2:20 Pablo dijo que él había

sido crucificado con Cristo y que ya no vivía él sino que Cristo
vivía en él, y la vida que estaba viviendo ahora, la vivía por fe.

Pablo estaba viviendo una nueva vida, una vida en la que
había aprendido a poner su confianza en Jesús para todo en vez
de ponerla en sí mismo o en otras personas. Él intercambió su
vida vieja por una vida nueva que Cristo vivió. Esta es una lista
parcial de las cosas que la Palabra de Dios dice que son nuestras
en Cristo. Esto es literalmente lo que conseguimos cuando recibimos a Jesús...

- Estamos completas en Él, que es la cabeza de todo princi-
  pado y potestad (Colosenses 2:10).
- Estamos vivas con Cristo (Efesios 2:5).
- Somos libres de la ley del pecado y la muerte (Romanos 8:2).
- Estamos lejos de la opresión y no tenemos miedo, porque el
  terror no se acerca a nosotras (Isaías 54:14).
- Somos nacidas de Dios, y el maligno no nos toca (1 Juan 5:18).
- Somos santas y sin mancha delante de Él en amor (Efesios
  1:4; 1 Pedro 1:16).
- Tenemos la mente de Cristo (1 Corintios 2:16; Filipenses 2:5).
- Tenemos la paz de Dios que sobrepasa todo entendimiento
  (Filipenses 4:7).
- Tenemos al que es mayor viviendo en nosotras; mayor es el
  que está en nosotras que el que está en el mundo (1 Juan 4:4).
- Hemos recibido el regalo de la justicia y reinamos como
  reyes en vida mediante Jesucristo (Romanos 5:17).
- ¡Y mucho más! (Encuentre aún más declaraciones en el
  Apéndice II).

Todas las cosas maravillosas que son nuestras en Cristo son
totalmente asombrosas. Comenzamos nuestro caminar con Dios

creyendo que sus promesas son ciertas, y solo entonces comenzamos a experimentar la realidad de ellas en nuestra vida diaria.

La mayoría de las veces la gente

> *La fe y la paciencia son las llaves para abrir la caja fuerte de las promesas de Dios.*

dice: "Si no lo veo, no lo creo", pero las promesas de Dios se deben creer primero. Crea primero en su corazón y después vea. La fe y la paciencia son las llaves para abrir la caja fuerte de las promesas de Dios (ver Hebreos 6:12).

Aprender quiénes somos en Cristo es vital si queremos vivir una vida victoriosa como cristianas. Debemos creer que hemos muerto a nuestro pasado y soltarlo, mientras nos asimos a Jesús para seguir avanzando. Nuestro pasado puede marcar una diferencia para algunas de las personas que conocemos, pero no marca la diferencia en absoluto para Dios. Él nos ve como una persona nueva que no solo ha muerto con Cristo sino que también resucitó a una nueva vida. Nuestra meta debería ser aprender a vernos como Dios nos ve. Cuando recibimos a Cristo, Él toma nuestro pecado y nos da su justicia. Dios nos ve como personas justas. Así es como Él ha decidido vernos cuando estamos en Cristo (ver 2 Corintios 5:21).

Cuando recibimos a Jesús, Él no solo viene a vivir en nosotras, sino que también somos situadas en Él. Él está en nosotras, y nosotras estamos en Él; somos uno y tenemos unión con Él. Pablo dijo que debemos ser fortalecidas por nuestra unión con Él (ver Efesios 6:10).

Si estamos en Él, entonces todo lo que Él es pasa a ser nuestro también. Acudimos a Él vacías, y Él nos llena. Si yo soy una jarra vacía y me sumergen en un barril de agua, seré llena del agua así como lo está el barril. Lo que hay en el barril viene a ser mío. Cuando somos puestas en Cristo mediante nuestra fe en Él, Él nos llena de sí mismo.

Hay innumerables versículos que nos hablan de estar en Cristo. Uno de ellos se encuentra en Filipenses 3:3, que dice que nuestra confianza debe estar *en Cristo* y no en nuestra propia habilidad para hacer las cosas. Aprendemos a encontrar nuestra dignidad y valor en Él en vez de en nuestras propias obras o en lo que podemos hacer. La confianza es importante, y dedico todo un capítulo a ello después en este libro, pero permítame animarle a no poner nunca su confianza en cosas que son inestables. Jesús es la única Roca de la que podemos depender, y Él es totalmente fiable.

El ingreso

Si alguien fuera a su banco e ingresara varios millones de dólares en su cuenta, usted podría retirar dinero de su cuenta durante el resto de su vida. Solo imagine lo asombroso que sería. Estaría agradecida, feliz y emocionada, y ciertamente no seguiría sobreviviendo en la vida cuando tiene tanto a su disposición.

Jesús ha hecho un ingreso en cada uno de sus hijos. Según las Escrituras, Él nos ha dado *todas las cosas* que pertenecen a la vida y a la piedad.

> Como todas las cosas que pertenecen a la vida y a la piedad nos han sido dadas por su divino poder, mediante el conocimiento de aquel que nos llamó por su gloria y excelencia. (2 Pedro 1:3)

Por favor, observe que "todas las cosas" es algo que no llegamos a experimentar, aunque en realidad nos pertenecen, a menos que tengamos un conocimiento personal de Él y del tipo de vida que nos ha llamado a vivir. Tenemos que añadir nuestra diligencia a las promesas y ejercitar nuestra fe en ellas para verlas suceder en nuestras vidas.

Si alguien hiciera un ingreso en su cuenta bancaria como mencioné arriba, pero usted no supiera que está ahí, entonces obviamente nunca iría a sacar el dinero. La falta de conocimiento es lo que impide que las hijas de Dios vivan la vida verdaderamente maravillosa que Jesús nos quiso dar a través de su muerte. Ellas simplemente no saben que es una opción. No tienen idea de que pueden soltar el pasado y no volver a mirar atrás o que pueden experimentar la sanidad de todas las heridas de su alma.

Del mismo modo, si se hiciera el ingreso pero la persona fuera perezosa y nunca fuera al banco a conseguir lo que necesita, también viviría con necesidades aunque de hecho tuviera a su disposición más de lo que podría necesitar jamás.

Jesús ha hecho un ingreso en usted de todo lo que jamás pudiera necesitar al hacer de usted su hogar y al convertirse Él mismo en su hogar. Todo lo que necesitamos y deseamos está en Él; Él está en nosotras y nosotras estamos en Él. Por favor, no se pierda el beneficio que esta verdad pretende darle por una falta de conocimiento de ser pasiva a la hora de reclamar estas promesas como suyas. Aunque yo sé todas estas cosas desde hace más de cuarenta años, aún sigo impresionada por el hecho de que Dios haya escogido vivir en nosotras y nos haya permitido vivir en Él. ¡Qué maravilloso privilegio! Si puede creerlo, ¡puede tenerlo!

> En aquel día ustedes se darán cuenta de que yo estoy en
> mi Padre, y ustedes en mí, y yo en ustedes. (Juan 14:20)

Pablo les dijo a los creyentes que dejaran de alardear del líder al que seguían y se dieran cuenta de que todas las cosas eran de ellos (1 Corintios 3:21). En otras palabras, no recibimos lo que necesitamos ni encontramos nuestra valía y dignidad de la gente a la que nos apegamos, sino solo de estar en Cristo y solamente en Él.

Estoy segura de que esto le suena muy bien, pero para que se convierta en una revelación (una realidad) para usted, le recomiendo que medite en ello diariamente. Piense y diga: "Estoy en Cristo, y Él está en mí. Yo soy su hogar, y Él es mi hogar". Recuérdelo diariamente para que nunca se le olvide. Tras más de cuarenta años estudiando la Palabra de Dios, me sigo recordando estas promesas maravillosas varias veces a la semana.

Íntima comunión con Jesús

Se nos invita a tener una íntima comunión con Jesús mediante su Espíritu. Él les dijo a sus discípulos que cuando se fuera, les enviaría otro Consolador para que tuviera una íntima comunión con ellos, y esa es también su promesa para nosotras (ver Juan 16:7). Usted no tiene que sentir nunca que Jesús está lejos porque Él está tan cerca de usted como su respiración o su latido. Él está en usted, y puede hablar con Él en cualquier momento. Él quiere tener una relación íntima y personal con usted.

Nuestro ministerio recientemente fue el anfitrión de un evento, y tuve la oportunidad de hablar personalmente con varias personas. Recuerdo a una mujer y su esposo que lloraban mientras intentaban expresarme lo mucho que la Palabra de Dios, la cual tuve el privilegio de compartirles, había hecho por ellos. Les pedí que fueran específicos, y ambos dijeron: "Nosotros solo teníamos una religión, e intentábamos con todo nuestro empeño seguir todas las reglas y estipulaciones, y a la vez siempre sentíamos que fallábamos. Pero usted nos enseñó quiénes somos en Cristo y que no necesitamos seguir buscando a Jesús porque Él vive en nosotros". Me impactaron mucho sus lágrimas y la sinceridad de su testimonio.

Realmente estaban expresando que habían aprendido a vivir desde dentro hacia fuera, que es de lo que habla este capítulo. En vez de intentar seguir todas las reglas y estipulaciones para poder sentir que tenían algún valor, habían aprendido que recibieron el valor mediante el hecho de que Jesús murió por ellos y había hecho de ellos su hogar. Ahora estaban sacando diariamente del ingreso que Él había hecho en ellos, y como resultado, estaban plenamente provistos de todo lo que necesitaban. Tenían confianza, seguridad, fuerza, justicia, paz, gozo, y una lista que continúa. Sabían que al margen de cualquier necesidad que pudiera surgir, ya estaba suplida en Jesús, así que no tenían razón para vivir en temor. Esta es también su herencia y la mía, y la de cada persona que cree en Jesús.

Como casa de Dios, Él la ha formado y moldeado con mucho cuidado y de forma detallada. En Éxodo podemos leer acerca de las pautas que Dios le dio a Moisés para construir y erigir el tabernáculo. Hay tres capítulos enteros de los detalles precisos que incluyen instrucciones para cada columna y bases, e incluso de los ganchos que sostenían las cortinas en los postes. Hay instrucciones específicas para la construcción del propiciatorio, la estructura del tabernáculo, el tipo de materiales que se debían usar para el altar y para todos los demás elementos, el revestimiento de oro y de plata, las piedras preciosas que se debían usar, el bordado, las medidas exactas de cada objeto, y otros detalles. Es una lista muy extensa y detallada.

Cuando estaba leyendo Éxodo y llegaba a estos capítulos, me daba cuenta de que era un poco arduo para mi mente seguir leyendo un detalle tras otro durante tres capítulos enteros. Como soy muy práctica en mi manera de abordar la Palabra de Dios, y creo que hay un mensaje práctico para nosotras en cada cosa que leemos y estudiamos, le pregunté a Dios: "¿Qué puedo sacar de esto para usarlo en mi vida diaria?". Inmediatamente, sentí que Dios me mostraba que como Él fue tan meticuloso en sus instrucciones sobre la construcción del tabernáculo, yo debía meditar en cuán detallado y preciso fue Él a la hora de crear y formar a cada uno de sus hijos. Él nos ha dado forma a cada una de nosotras como un hogar apropiado en el que Él pueda habitar. Él fue muy cuidadoso a la hora de crearnos y muy preciso en cuanto a cada detalle de nuestro temperamento, talento y habilidades, el color de nuestro cabello y de nuestros ojos, el tono de nuestra piel, nuestra altura, y todos los demás detalles de nuestra creación. La buena noticia es que no somos un error.

Como mi voz es bastante profunda para una mujer en cuanto al tono, a mí no me gustaba nada. En broma decía: "Yo debí estar en la fila incorrecta cuando Dios repartió las voces". Pero por supuesto, eso no es cierto, y usted tampoco estaba en la fila incorrecta. Aunque haya cosas de su forma de ser o de su constitución que no le gusten, a Dios sí le gustan, y le recomiendo que acepte todos los aspectos de cómo fue creada. En vez de convertirse en una persona desgraciada deseando lo que no tiene, tome la decisión de aceptarse y hacer lo mejor que pueda con lo que tiene.

El Salmo 139 es un capítulo maravilloso de la Biblia que nos deja ver lo cuidadosamente que Dios nos formó. Él la formó personalmente con sus propias manos en el vientre de su madre, y es una creación admirable. Por favor, lea y estudie el Salmo 139 despacio. Contemple todo lo que está diciendo y dele gracias a Dios por crearle. Usted no es un error; ¡usted es un diseño maravilloso de Dios!

> *Usted no es un error; ¡usted es un diseño maravilloso de Dios!*

Dar buen fruto

Jesús es la vid y nosotras somos los pámpanos que están conectados a Él. Se espera de nosotras que demos buen fruto, que vivamos rectamente, que caminemos en amor con otras personas, que seamos amables y humildes. Debemos ser pacíficas, gozosas y pacientes. Y debemos usar las habilidades que Dios nos ha dado para servirlo a Él y ayudar a la gente.

Dios nunca nos pediría que produjéramos algo si no tuviéramos la capacidad de hacerlo. Sería terriblemente frustrante sentir que tenemos que hacer algo y a la vez no tener las cosas necesarias para hacerlo. Dios hace un ingreso en nosotras de todas las cosas que espera que produzcamos en nuestra vida. Él lo pone en nosotras, y nosotras lo dejamos salir. Por ejemplo, Él primero nos ama, así que tenemos la capacidad de amar a otros (ver 1 Juan 4:19). Jesús nos dejó su paz (ver Juan 14:27) para que nosotras pudiéramos tener paz en cada situación que encontremos en la vida.

Si vivimos, moramos y permanecemos en Él, y dejamos que su Palabra (Jesús) viva, more y permanezca en nosotras, la Palabra de Dios nos promete que daremos mucho fruto bueno (ver Juan 15:5). Cuando nos convertimos en cristianas, no comenzamos un viaje de modificación de la conducta, sino un viaje de aprender a vivir la vida con Jesús. Vivir, morar y permanecer en Él simplemente significa tener comunión con Él, apoyarnos en Él, confiar en Él, aprender su Palabra y hablar con Él sobre todo en cada instante. Él es nuestra fuente de todas las cosas buenas, y esa certidumbre incluye una buena conducta por nuestra parte. Aprenda a vivir desde dentro hacia fuera y su conducta cada vez será más como la de Jesús. Enfóquese más en quién es en Cristo, en vez de esforzarse por modificar su conducta.

Por supuesto, todas queremos y necesitamos ver cambios en nosotras. Tenemos defectos como humanas que somos, y el mundo nos ha enseñado malos hábitos a la mayoría de nosotras. Estamos aprendiendo una nueva manera de vivir, y el cambio es algo que todas deberíamos desear. Pero aprender la manera correcta de cambiar, o de ser cambiadas, es muy importante, o de lo contrario pasaremos toda nuestra vida frustradas y sintiéndonos fracasadas.

Podemos modificar nuestra conducta de algún modo mediante la disciplina y el dominio propio, pero no podemos cambiar nuestra naturaleza; solo Dios puede hacer eso, y Él lo ha hecho. Nuestra tarea es creerlo y aprender a buscar lo que Él ha puesto en nosotras en vez de meramente "intentar" ser una "buena cristiana". Confíe en Dios para que Él cambie las cosas en usted que necesitan cambiar. Siga avanzando hacia la meta de la perfección como hizo el apóstol Pablo. Y por encima de todo, confíe en que la gracia de Dios actúe en usted continuamente, capacitándole para ser todo lo que Él quiere que usted sea, porque separada de Él, no puede hacer nada (ver Juan 15:5).

Todo lo que usted o yo podamos necesitar jamás, está en nosotras: en Cristo. Somos fuertes *en Él*, y todo lo podemos *por medio de Él*, que nos da las fuerzas (ver Filipenses 4:13).

CAPÍTULO 14

Usted tiene lo que se necesita

Pues todo lo puedo hacer por medio de Cristo, quien me
da las fuerzas.

—Filipenses 4:13, NTV

Debido a que Dios vive en nosotras, verdaderamente podemos hacer todo lo que tengamos que hacer, pero a menudo somos derrotadas por nuestro propio pensamiento erróneo. Dios dice que podemos, pero si nosotras pensamos y decimos que no podemos, entonces no podremos. Este capítulo está pensado para recordarle cuán poderosa es usted *en Cristo*. Nunca olvide que lo que usted cree se convertirá en su realidad. Al margen de cuántas cosas maravillosas haya hecho Jesús por nosotras o haya depositado en nosotras, eso no nos ayudará a menos que creamos firmemente que son nuestras. Recordemos siempre que el diablo es un mentiroso, y si creemos sus mentiras, entonces seremos engañadas como lo fue Eva en el comienzo de los tiempos. Aprender a creer y confiar en la Palabra de Dios más que creer en lo que pensamos o sentimos marca la diferencia a la hora de vivir de forma victoriosa o de ser derrotadas.

Como la mayoría de ustedes, yo regularmente afronto cosas que son un reto y mi primer pensamiento a menudo es: *No puedo hacer esto.* Pero mi segundo pensamiento es: *Puedo hacer todo lo que tengo que hacer por medio de Cristo.* Eso no significa que todo lo que tenga que hacer sea fácil solo por creer que puedo hacerlo, pero sí hace que sea posible. La Palabra de Dios nos enseña a no desmayar en nuestra mente (ver Hebreos 12:3). No deberíamos pensar que no somos capaces de hacer lo que Dios nos dirige a hacer. Nuestros pensamientos se convierten en conductas, de modo que si pensamos que no podemos hacer algo, somos debilitadas hasta el punto de no poder.

Usted es más fuerte de lo que quizá cree que es. Usted puede hacer lo que tenga que hacer en la vida *por medio de Cristo*, y la Palabra de Dios dice que es más que vencedora por medio de Él, quien la ama (ver Romanos 8:37). Observe que es "por medio de Él", no por medio de su propia determinación. Tenemos que ser determinadas y rehusar rendirnos, pero la determinación más grande finalmente se disipará a menos que nos apoyemos continuamente en la fuerza de Dios que hay en nosotras.

¿Qué significa ser "más que vencedora"? Creo que significa que podemos vivir la vida con la confianza de que ganaremos cada batalla que afrontemos incluso antes de que comience. No tenemos que esperar a ver cuán grande es el problema antes de decidir cómo terminarán las cosas. Muchas cosas son imposibles para nosotras, ¡pero *nada* es imposible para Dios!

Cuando estoy realmente cansada porque he tenido un virus del que finalmente me estoy recuperando, y miro el pesado calendario de viajes y varias reuniones que no van a ser muy emocionantes, no soy distinta a ninguna otra persona, y me siento tentada a pensar y decir: "No puedo hacer esto". Sin embargo, al aplicar a mi propia vida estos principios que estoy compartiendo con usted, funcionan cada vez. Termino siendo capaz de hacer todo lo que tengo que hacer: a través de Cristo. Quizá no me emociona cada parte de ello, pero lo hago, ¡y venzo!

Si Dios está de nuestra parte, ¿quién puede estar en contra nuestra? Sin embargo, en todo esto somos más que vencedores por medio de aquel que nos amó. (Romanos 8:31, 37)

Usted no es débil, ¡usted es fuerte!

El diablo se deleita haciéndonos creer que somos débiles e incapaces, pero la verdad es que tenemos toda la fuerza de Dios a nuestra disposición. Quizá seamos débiles en nosotras mismas, pero su fuerza se muestra eficazmente mediante nuestra debilidad cuando confiamos y nos apoyamos en Él.

Pablo estaba lidiando con un problema enorme en su vida al cual hizo referencia como "un aguijón en la carne" (ver 2 Corintios 12:7). Todos tenemos eso de vez en cuando: una persona o algo que no se va y que es doloroso o extremadamente difícil, o ambas cosas. Pablo le rogó a Dios que se lo quitara, pero en lugar de eso, Dios le dijo que le daría la fuerza para soportarlo.

Tres veces le rogué al Señor que me la quitara; pero él me dijo: «Te basta con mi gracia, pues mi poder se perfecciona en la debilidad». Por lo tanto, gustosamente haré más bien alarde de mis debilidades, para que permanezca sobre mí el poder de Cristo. (2 Corintios 12:8-9)

Si Dios simplemente eliminara cada dificultad de nuestra vida, no tendríamos necesidad de Él en nuestras vidas cada día. Él deja cierta cantidad de debilidad en cada una de nosotras para tener un lugar donde Él pueda mostrar su fuerza. Él quiere que lo necesitemos. Él quiere que lo busquemos. Él quiere que creamos que podemos hacer todo lo que necesitemos hacer a través de Él.

Aunque mi madre creía en Dios, no sabía cómo confiar en Él para que fuera su fuerza. Ella no confrontó la situación con mi padre en nuestro hogar, y permitió que el incesto continuara porque pensaba que era incapaz de cuidar de mi hermano y de mí sin él. No era una mujer fuerte porque se veía como una persona débil e incapaz. Si usted se ve como una persona débil, permitirá que la gente la maltrate y siempre se conformará con ser una persona en segundo plano en la vida. No podemos vivir la vida maravillosa que Jesús quiso darnos con su muerte a menos que creamos que somos fuertes en Él.

Quienes necesitamos sanidad para un alma herida o recuperarnos de cosas trágicas que nos han ocurrido tenemos que creer que somos fuertes, y no débiles. Habrá muchas veces, durante su jornada de sanidad, en las que se verá tentada a pensar que sencillamente no tiene la fuerza que necesita para confrontar los asuntos que tiene que confrontar, y está en lo cierto. Por usted misma, es demasiado débil y no tiene la fuerza suficiente para hacerlo, pero Dios no es débil. Él es fuerte. Acudir a su fuerza la hará pasar por cualquier cosa si no titubea o desfallece en su mente y se rinde. Mi madre podría haber tenido una buena vida, al igual que mi hermano y yo, si hubiera creído esta verdad tan importante.

David el salmista dijo: "De angustia se me derrite el alma: susténtame conforme a tu palabra" (Salmos 119:28). Isaías dijo: "Él fortalece al cansado y acrecienta las fuerzas del débil" (Isaías 40:29), y "pero los que confían en el Señor renovarán sus fuerzas; volarán como las águilas: correrán y no se fatigarán, caminarán y no se cansarán" (Isaías 40:31).

Pablo dijo: "Por lo demás, hermanos míos, fortaleceos en el Señor, y en el poder de su fuerza" (Efesios 6:10, RVR1960). El libro de Salmos contiene innumerables versículos que dicen repetidamente: "Dios es mi fuerza". Uno de mis favoritos es: "Pero tú,

Señor, no te alejes; fuerza mía, ven pronto en mi auxilio" (Salmos 22:19).

Cuando nos sintamos débiles, y todas nos sentimos débiles a veces, deberíamos acudir de inmediato a las Escrituras y obtener fuerza de la Palabra de Dios. Es incluso mejor si hemos estudiado la Biblia lo suficiente para memorizar versículos que nos ayudarán en cualquier momento, sin que ni siquiera tengamos que sacar la Biblia y buscar los versículos. Si ponemos la Palabra en nosotras, el Espíritu Santo la sacará en el momento exacto en el que la necesitemos. Él la trae a nuestra memoria (ver Juan 14:26).

¿Está lidiando con algo ahora mismo en su vida que le parece abrumador? ¿Ha estado pensando que no puede hacerlo o que la situación simplemente es demasiado para usted? Si es así, deje que estos versículos de las Escrituras le enseñen a pensar como Dios quiere que piense. Crea que con Cristo, puede hacer lo que tenga que hacer en la vida.

Podemos batallar porque la Palabra de Dios es un arma. Todo pensamiento débil, incapaz, de "yo no puedo hacerlo" que venga a nosotras se puede derribar meditando y confesando la Palabra de Dios. Le animo a formar el hábito de meditar en la Palabra de Dios. Meditar significa pensar o reflexionar, contemplar, murmurar o declarar la Palabra de Dios.

Mayor es el que está en usted

Sin duda somos débiles e incapaces de muchas formas, pero Dios, que es el más grande, vive en nosotras. ¡Usted tiene lo que se necesita para hacer lo que tiene que hacer! No tiene por qué tener temor en ninguna situación. Quizá no sepa lo que va a pasar, cuán difíciles se pueden poner las cosas, el tiempo que pueda pasar hasta que la victoria sea suya, o qué hacer, pero Dios sí lo sabe, ¡y Él vive en usted! Él le guiará en cada paso del camino si continúa poniendo su fe en Él. Aprendamos a ser personas con la mentalidad de que Dios vive en nuestro interior. Recuérdese diariamente que Dios vive en usted. Él está cerca de usted todo el tiempo y siempre está listo para ayudarle.

Piense en las promesas de la Palabra de Dios con respecto a quién es usted en Él y lo que puede hacer a través de Él hasta que se convierta en parte de quien es usted. No se conforme meramente con ir a la iglesia una vez por semana y quizá leer un devocionario que le requiere cinco minutos o menos, y piense que es suficiente para ayudarle a vivir como más que vencedora. Deberíamos aprender a identificarnos con Cristo en todo tiempo. Hemos muerto con Él, y somos resucitadas con Él para una nueva vida, poderosa y victoriosa. Somos la casa de Dios, y Él es nuestra casa. ¡Usted tiene lo que necesita para hacer lo que tenga que hacer!

No soy admiradora de la debilidad. Estoy segura de que es parcialmente porque experimenté de primera mano lo que nos hizo una mentalidad débil a mi madre, a mi hermano y a mí. Pero también es porque sé cómo sería mi vida si no hubiera aprendido a creer que mayor es el que está en mí que el que está en el mundo (ver 1 Juan 4:4). Le estoy pidiendo que realmente piense en lo que piensa de usted misma y cómo se siente con respecto a sus capacidades. Lo que usted cree de usted misma es mucho más importante que lo que creen los demás de usted. Aprenda a creer lo que Dios dice sobre usted y lo que puede y no puede hacer.

> *Lo que usted cree de usted misma es mucho más importante que lo que creen los demás de usted.*

Esta historia anónima de la página PassItOn.com realmente me conmovió:

Hace algunos años atrás, cuando tenía unos diez años, mi abuelo estaba en su lecho de muerte, y estábamos preparándonos para salir al hospital sin saber que sería la última vez que lo veríamos. Todos los que estábamos en la habitación (sí, toda la familia cercana y parientes metidos hacia el lado de la pequeña ventana ocupando la mitad de la habitación), fuimos y le dimos un abrazo de despedida. Cuando llegó mi turno, me incliné para abrazarlo, y al hacerlo me susurró al oído: "Tú vas a ser un gran hombre". Asustado por lo que le pudiera suceder a él, comencé a llorar mientras nos íbamos del hospital, y a la vez comencé a pensar en lo que él había dicho.

Esas palabras me han inspirado hasta este día, instándome a intentarlo con todas mis fuerzas y ser el gran hombre que mi abuelo sabía que podía ser. Él me ha dado la fuerza y el valor para ser lo mejor que pueda y buscar personas que puedan ayudar a que eso suceda. Espero el día en que pueda cumplir su esperanza trabajando en algún lugar en la profesión del cuidado de la salud, ayudando a otros como él me ayudó a mí. Gracias, abuelo.

Si esta persona pudo quedar afectada de una forma tan positiva por lo que le dijo su abuelo, ¿cuánto más podemos ser afectadas nosotras por lo que Dios dice? Cuando yo era una niña de nueve o diez años, recuerdo estar tumbada en la cama pensando: *¡Algún día haré algo grande!* No había razón alguna para que yo pensara eso, considerando lo que estaba ocurriendo en mi vida en ese entonces, pero ahora me doy cuenta de que esos pensamientos comenzaron a introducirse en mi mente solo después de haber recibido a Cristo como Salvador a los nueve años. Cuando Jesús llega, la debilidad se va.

Esos pensamientos que yo tenía de hacer cosas grandes eran fugaces. Salían de mi mente tan rápidamente como entraban. A esa temprana edad no sé lo que pensaba sobre la posibilidad de vencer algún día mi dolorosa situación. Tan solo intentaba sobrevivir en ese entonces. Sin embargo, cuando comencé a estudiar la Palabra de Dios y puse mi confianza en Él y en sus promesas, recordé ese pensamiento que había tenido cuando era niña. Sin Dios, las cosas que estoy haciendo hoy nunca se habrían convertido en realidad; pero con Él todo es posible, no solo para mí, sino también para usted. ¿Tomará usted hoy la decisión de creerlo?

Ya sea que tenga un hijo con necesidades especiales, sea una madre soltera, esté cuidando de unos padres ancianos con los que es difícil tratar, o haya perdido su empleo además del fondo de jubilación que llevaba pagando durante veinte años, quiero prometerle que no está sola, y puede hacer lo que tenga que hacer. ¡Usted es más fuerte de lo que cree!

Si abusaron de usted de formas indescriptibles y su alma está llena de heridas que aún parecen sangrar y estar abiertas, usted es más que vencedora por medio de Cristo, quien la ama. Quizá no se sienta así en estos momentos, pero si comienza a creerlo, finalmente sus sentimientos se alinearán con su creencia. La animo a no pasar ni un día más sintiéndose desamparada, débil e incapaz. Véase a sí misma como una hija de Dios especial, bien equipada, que tiene lo que se necesita para hacer lo que tenga que hacer.

Usted es más que una superviviente

A menudo oímos a personas decir que son víctimas de abuso, o que sobrevivieron al abuso, pero usted es mucho más que eso. ¡Usted es una vencedora!

¿Quién es el que vence al mundo, sino el que cree que
Jesús es el Hijo de Dios? (1 Juan 5:5, RVR60)

Creo que mientras nos veamos como víctimas, seguiremos
sintiéndonos acosadas, y a menudo llevaremos el resentimiento
de nuestro pasado. Sin embargo, en Cristo, nuestro pasado no
tiene por qué determinar nuestro futuro.

Del mismo modo, creo que si nos vemos como meras supervivientes, esto nos sigue dejando con pensamientos de ser alguien
que apenas ha superado una tragedia en vez de alguien que es
fuerte y vencedora. Yo nunca hablo de mí como una víctima de
incesto o una superviviente de incesto. Yo soy una nueva criatura
en Cristo, y usted es lo mismo si cree en Jesús.

Cómo nos vemos y lo que creemos es extremadamente importante. Se cuenta la historia de un joven que había perdido su trabajo y todo su dinero. Estaba sentado en el banco de un parque
sintiéndose muy deprimido y sin esperanzas cuando un anciano
se dio cuenta y le preguntó por qué estaba tan triste. El hombre
le contó su historia, y al instante el anciano sacó un talonario
de cheques, rellenó uno de los cheques, y dijo: "Le visitaré en
este mismo lugar dentro de un año, y por entonces habrá ganado
dinero suficiente para devolverme esta cantidad". Cuando miró el
cheque, vio que era de medio millón de dólares y que lo firmaba
John Rockefeller, que era en ese entonces uno de los hombres
más ricos del mundo.

El hombre del parque puso el cheque a buen recaudo, y aunque no lo cobró, le dio confianza para creer que no tenía que
tener miedo a comenzar de nuevo. Empezó a hacer negocios otra
vez y empezó a ganar dinero, siendo consciente siempre de que
tenía el cheque bien guardado por si lo necesitaba.

Pasó el año, y por ese entonces tenía dinero suficiente y estaba deseoso de devolver el cheque al hombre que le había ayudado. Regresó al mismo parque, se sentó en el mismo banco, y esperó. Enseguida vio al anciano que se acercaba, pero lo acompañaba quien parecía ser una enfermera. El hombre parecía tener muy poca respuesta con el hombre más joven, que tenía en su mano el cheque original e intentaba devolvérselo. La enfermera agarró el cheque, lo miró y dijo: "Verá, este cheque no es bueno. La mayoría del tiempo se confunde. A menudo piensa que es Rockefeller, pero no lo es".

El joven tuvo éxito porque creyó que tenía guardado en el banco lo que necesitaba y que podía sacarlo en cualquier momento. Lo que tenía ni siquiera era real, pero pensar que estaba ahí le ayudó a superar su pérdida.

Lo que nosotras tenemos es mucho más. Tenemos algo en el banco, por así decirlo, porque tenemos a Jesús viviendo en nuestro interior, y podemos vivir sin temor y hacer grandes cosas porque podemos hacer reintegros cada vez que necesitemos algo. Si necesita ayuda, puede hacer un reintegro. Si necesita sabiduría, o fortaleza o creatividad, haga un reintegro. Nunca puede hacer demasiados reintegros, porque lo que tiene disponible en Jesús no tiene límites. Él es siempre más que suficiente para cualquier necesidad que podamos tener.

Quiero decir esto para terminar este capítulo: usted puede hacer lo que necesite hacer por medio de Cristo, que es su fuerza. Usted no es débil; usted es fuerte. Usted es más que vencedora por medio de Jesús. ¡Usted es victoriosa!

CAPÍTULO 15

Barricadas para la sanidad

*Y dirá: Allanad, allanad; barred el camino, quitad los tro-
piezos del camino de mi pueblo.*

—Isaías 57:14

Cuando estamos heridas, no solo debemos desear la sanidad, sino que también debemos estar dispuestas y preparadas para ser totalmente honestas con nosotras mismas. La verdad nos hace libres (ver Juan 8:32), pero afrontar la verdad no siempre es fácil. Desarrollamos muchas formas de escondernos de la verdad, y esas cosas se convierten en barricadas y obstáculos para nuestra sanidad.

Yo no fui la causante de mis heridas, y quería ser sanada, pero finalmente tuve que darme cuenta de que aunque deseaba la sanidad, no estaba encarando las barricadas que había que eliminar.

Cuando Jesús se encontró con un hombre que tenía una gran necesidad de sanidad de unas heridas que había arrastrado durante treinta y ocho años, le preguntó si era cierto que quería recuperarse (ver Juan 5:6). Eso parece una pregunta extraña y carente de compasión, pero no lo es. No se requiere ningún esfuerzo para desear algo, pero conseguir lo que uno desea a menudo exige vencer grandes obstáculos que están en el camino hacia la victoria. Nada que valga la pena tener se ha conseguido jamás fácilmente sin esfuerzo o determinación; por lo tanto, si usted es un alma herida que desea sanidad, tengo que preguntarle si realmente quiere recuperarse.

Oro para que usted diga que sí y que lo diga en serio, porque por muy larga o dolorosa que sea su jornada de sanidad, el gozo de ser libre finalmente merece mucho la pena. En algún punto, cualquier persona con un alma herida debe escoger entre seguir devastada y ser sanada y restaurada.

Solo porque alguien la arroje en un pozo de miseria no significa que usted tenga que quedarse ahí para el resto de su vida. Dios está listo para ayudarle. ¿Está usted lista para recuperarse?

> Me sacó de la fosa de la muerte, del lodo y del pantano; puso mis pies sobre una roca, y me plantó en terreno firme. (Salmos 40:2)

Dios nos da su promesa de ayudarnos, pero somos colaboradoras de Dios en nuestra sanidad, y tendremos que hacer nuestra parte. Dios no siempre nos libra mágicamente de las cosas que se interponen en nuestro camino, pero Él siempre nos da la capacidad y el poder para confrontarlas si estamos dispuestas a hacerlo.

La barricada de la evitación

La primera barricada que tendremos que tratar es la barricada de la evitación, que es huir o ignorar la realidad con la esperanza de que si ignoramos nuestros problemas durante un tiempo suficientemente prolongado, desaparecerán. Cuando me fui de casa a los dieciocho años, pensaba que había dejado atrás todos mis problemas. A fin de cuentas, mi padre ya no podría abusar más de mí porque ya no vivía en su casa, ¿verdad? De hecho, no es verdad. Aunque era cierto que ya no podría abusar más sexualmente o emocionalmente, los efectos de lo que me hizo continuarían atormentándome mientras yo mantuviera el dolor enterrado y rehusara abordar los efectos de lo que había vivido. Quizá haya oído decir que nuestros secretos nos hacen enfermar, y eso fue una realidad en mi vida. Salí de casa y rápidamente me casé con el primer joven que mostró algo de interés en mí por temor a que nadie más me amara nunca. Pero esa relación se convirtió en cinco años más de abuso emocional.

Tras divorciarme de él, conocí a Dave Meyer, y él me amó verdaderamente, pero yo estaba tan herida que evitaba cualquier esfuerzo que él hacía por mostrarme su amor. No me fiaba de los hombres en general, era rebelde hacia cualquier tipo de autoridad masculina e insegura, lo cual me dejó deseando una muestra constante por parte de otros de que yo fuera aceptada y valiosa. Cuando la gente no me hacía sentir como yo pensaba que debían, me enojaba y culpaba convenientemente a cualquiera que no me estuviera dando lo que yo quería. Y esto es solamente el principio de los problemas que tenía en mi personalidad que me impedían tener relaciones buenas y significativas. Tenía secretos enterrados

> *Ignorar un problema nunca lo hace desaparecer.*

muy hondo en mi alma, y no podía sanar porque evitaba tratar los problemas. Ignorar un problema nunca lo hace desaparecer.

Pensaba que cuando me deshiciera de mis problemas, como salir de la casa de mi padre o divorciarme de mi primer esposo, podría acabar con mis recuerdos de lo que había ocurrido y continuar con la vida, pero el dolor que enterramos vivo nunca muere. Sigue doliendo hasta que dejamos que Dios nos ayude a desenterrarlo y tratarlo. Después de cinco años aproximadamente de estar casada con Dave, fuimos a un seminario en nuestra iglesia en el que la maestra compartió su testimonio de cómo su padre había abusado sexualmente de ella. Si hubiera sabido que ese iba a ser el tema, dudo que hubiera asistido. Pero no lo sabía, así que ahí estaba yo, oyendo cosas que sacaban mi dolor a la superficie.

Por ese entonces, había compartido con Dave que mi padre había abusado sexualmente de mí, pero no lo había compartido de una manera que me ayudara a sanar. Compartí mi pasado más que cualquier otra cosa como una forma de excusar mi conducta. Mi actitud era: *No puedo comportarme de otra forma porque abusaron de mí.* Dave quería que yo recibiera la ayuda que necesitaba, así que me compró un libro que había escrito la mujer. Al día siguiente lo abrí, y tras leer dos o tres páginas lo dejé tirado en la habitación y dije en voz alta (ya que no había nadie más en casa conmigo): "¡No lo voy a leer!".

Solo leer algunos de los detalles íntimos de lo que su padre le había hecho a ella sacaba a la superficie sentimientos y dolor que yo había enterrado e intentado olvidar, pero obviamente seguían estando muy vivos en mi alma. Siempre que ocurría algo que les hacía comenzar a subir a la superficie, yo los empujaba de nuevo para adentro e intentaba continuar con la vida mientras ignoraba las barricadas que había que eliminar para poder vivir una vida que pudiera disfrutar. Una y otra vez, evitaba con éxito tratar la raíz de mis problemas, pero siempre volvían a salir a la superficie, y continuaba sintiéndome desgraciada.

Esta vez fue diferente

Me di cuenta bastante pronto de que esta vez era diferente, e intentar ignorar el pasado no funcionaría más. Le había pedido a Dios que se involucrara en mi vida y me ayudara a ser la persona que Él quería que fuera. Sin embargo, no me daba cuenta de que eso requeriría que hiciera frente al pasado en vez de seguir huyendo y escondiéndome de él. Escuché dos palabras en mi espíritu con tono firme pero amable. Dios simplemente dijo: "Es tiempo". No necesitaba que Él me explicase lo que significaban, porque al instante supe que me estaba pidiendo que hiciera frente al pasado para poder avanzar. Era tiempo de eliminar la primera barricada.

Huimos de nuestros problemas de muchas maneras. Cuando Jonás no quiso hacer lo que Dios le estaba pidiendo, literalmente huyó en dirección contraria de donde le había dicho que fuera. Jonás se vio a sí mismo en circunstancias muy difíciles e incómodas hasta que finalmente siguió la dirección de Dios (Jonás 1—3). Si yo hubiera decidido ignorar las dos palabras que Dios me habló al corazón en ese entonces, hoy seguiría estando en un pozo de desesperación con toda mi desgracia. Por fortuna, decidí seguir a Dios en vez de mis sentimientos, y comenzó mi jornada de sanidad.

Si usted ha estado huyendo de su pasado y desea sanidad en su alma, déjeme decirle lo que Dios me dijo a mí: ¡Es tiempo! Es tiempo de aprender a comunicarse con usted misma de manera sincera y de dejar de culpar a su pasado de cualquier problema actual que tenga. Nuestro pasado ciertamente puede que sea la razón por la que nos comportamos de formas indeseables, pero no deberíamos dejar que eso se convierta en una excusa para seguir como estamos. Los sentimientos enterrados tienen energías propias. Están vivos, y nos afectan constantemente de maneras adversas hasta que los confrontamos

No deberíamos dejar que eso se convierta en una excusa para seguir como estamos.

y los tratamos. Por muy hondo que los hayamos empujado en nuestra alma, se manifestarán de alguna forma tarde o temprano. No desaparecerán sin más. Hay que abordarlos.

Enfrentar la realidad

Una persona herida puede malgastar años de su vida, y algunas personas incluso toda su vida, intentando conseguir algo de alguien que ellos sencillamente no saben dar. Yo quería tener padres que me amaran de verdad, pero tuve que enfrentar la realidad de que ellos mismos tenían problemas y simplemente no sabían cómo amarme. Un día me miré en un espejo de cuerpo entero y dije: "Mis padres nunca me amarán como quiero que lo hagan". Recuerdo experimentar un grado de libertad al alejarme de ese espejo. Solamente el hecho de enfrentar la realidad y decidir que ya no iba a prepararme para la decepción al desear que mis padres fueran padres normales y amorosos, trajo alivio a mi alma. Una pensaría que enfrentar ese hecho haría daño, pero la realidad es que me ayudó. Nada es más frustrante que intentar obtener de alguien algo que no tiene y que nunca nos dará.

Era mi tiempo de creer la promesa de Dios de que aunque mi padre y mi madre se hubieran olvidado de mí, Él me adoptaría como su propia hija (ver Salmos 27:10). Aunque Dios no le dé lo que usted desea, le dará algo incluso mejor si confía en Él. Dios no pudo hacer que mis padres me amaran porque Él nos da a cada uno libre albedrío, pero si yo estaba dispuesta a enfrentar la verdad acerca de ellos y el dolor que me habían causado y no amargarme por ello, entonces Él me daría su amor y aceptación. Él sería mi Padre y mi Madre, mi Hermana y Hermano, y mi Amigo, y todo lo demás que yo necesitara siempre. Y Él quiere hacer lo mismo con usted.

Enfrentar el pasado no significa que tengamos que enfocarnos en él excesivamente, porque eso puede ser muy destructivo. Dios quiere que lo enfrentemos y avancemos. Cuando Dios saque cosas en su corazón y le deje saber que es tiempo de tratar algo, no lo posponga más. Ore por ello, perdone a quien tenga que perdonar, y después suéltelo y avance. Puede ser una decisión que tendrá que renovar frecuentemente, pero cada vez que lo haga experimentará un poco más de libertad del dolor de su pasado.

Por fortuna, nuestro Señor no nos abruma mostrándonos a la misma vez todo aquello que tenemos que tratar. Él es un Consejero asombroso, amable y misericordioso, y siempre nos da la gracia (fortaleza y capacidad) para hacer lo que Él nos pide hacer.

Enfrentar la verdad es doloroso, y por esa razón muchas la evitamos, pero no hacerle frente es más doloroso aún. A menudo digo que hay dos tipos de dolor entre los que podemos escoger: el dolor de avanzar o el dolor de quedarnos donde estamos. Aunque enfrentar la verdad y avanzar es doloroso, al menos es un tipo de dolor que nos permite hacer progreso, y eso es mucho mejor que un dolor continuo que nunca termina.

> *Hay dos tipos de dolor entre los que podemos escoger: el dolor de avanzar o el dolor de quedarnos donde estamos.*

Por muy difícil que sea hacer frente a la verdad con respecto a lo que otros nos han hecho, a menudo es aún más difícil hacer frente a la verdad sobre lo que nosotras hemos hecho que no está bien. Esto es especialmente cierto en algunos casos. Por ejemplo, una cosa es hacer frente al hecho de que la persona con la que se casó le fue infiel y la rechazó, pero podría ser incluso más difícil si la verdad es que usted fue infiel y destruyó su matrimonio en el proceso.

¿Qué ocurre si alguien está en prisión por asesinar y ahora está intentando desarrollar una relación con Dios y encontrar sanidad de su pasado aunque es más que probable que vaya a pasar el resto de su vida en prisión? ¿Es incluso posible que tal persona sea libre? Sí, una persona puede ser libre en su alma y espíritu, incluso mientras pasa toda su vida encarcelada. De hecho, he visto a hombres y mujeres en la cárcel que son más libres que algunas personas que conozco que viven en la sociedad. La verdadera libertad está *en nuestro interior*, no a nuestro alrededor.

Nunca deberíamos tener miedo a enfrentar la verdad acerca de nuestro pecado, pidiendo a Dios y a las personas que hemos herido que nos perdonen. Hacerlo nunca tiene la intención de llenarnos de culpa y condenación, sino más bien de liberarnos. Entender lo mucho que Dios nos ha perdonado y la grandeza de su misericordia nos acerca más a Él. Verdaderamente, ¡su gracia es asombrosa!

Mi padre se arrepintió de su vida pecaminosa y recibió a Jesús en su corazón a los ochenta y tres años, e incluso después de todas las cosas horribles y dolorosas que me hizo a mí y a otros, puedo decir que sé con certeza que Dios lo perdonó por completo.

El salmista David, un hombre que estaba extremadamente cerca de Dios, cometió adulterio y asesinato, y durante un año huyó de sus acciones ignorando lo que había hecho y sus consecuencias. Finalmente, tras ser confrontado por el profeta Natán, David se arrepintió sinceramente. Parte del arrepentimiento es enfrentar honestamente y admitir nuestras acciones y cómo han afectado a todas las personas involucradas.

David admitió que antes de confesarlo (hacer frente a la verdad), sentía que sus huesos se estaban desgastando, y gemía de día y de noche. Eso suena a un hombre que se siente desgraciado en su alma. David era el rey; podía hacer lo que quisiera hacer e ir donde quisiera, y sin embargo no fue libre hasta que hizo frente a la verdad y asumió la responsabilidad de sus acciones (ver Salmos 32:3-4). Pero después de confesarlo, de enfrentar la verdad en cuanto a todo lo que había hecho, Dios lo perdonó al instante, y se trató con la iniquidad y la culpa (ver Salmos 32:5).

David le pidió a Dios misericordia y dijo que era consciente de su transgresión. Ya no se escondía ni huía (ver Salmos 51:1-3). Dijo que Dios desea la verdad en nuestro ser interior (ver Salmos 51:6). Hacer frente a la verdad, ya sea la verdad sobre algo que nos han hecho o algo que hayamos hecho a alguien o contra Dios, es la clave para la sanidad del alma y ser libre del pasado.

No hay nada que no se nos pueda perdonar. No hay cantidad suficiente de pecado que sea demasiado grande para que Dios la perdone.

> Pero, allí donde abundó el pecado, sobreabundó la gracia.
>
> (Romanos 5:20)

La gracia de Dios, su favor inmerecido, es mayor que cualquier pecado que nosotras o cualquier persona pudiera cometer jamás.

La barricada de la culpa

La barricada de culpar a otros por mi desgracia y mis problemas era muy grande en mi caso. Culpar en sí mismo es un método para huir de la realidad. Mientras estemos culpando a alguien o algo por nuestra propia mala conducta, nunca seremos libres de ello.

Yo me enojaba cada vez que no me salía con la mía, y culpaba a otros pensando que si ellos hacían lo que yo quería que hiciesen, no estaría enojada. Ahora, cuando pienso en ello, me doy cuenta de lo necia que era, pero a la vez era simplemente un mecanismo que había desarrollado que me ayudaba a huir de mis propios problemas.

El juego de la culpa comenzó en el jardín del Edén (ver Génesis 3) y nunca ha cesado desde entonces. Puede ser muy interesante comenzar a observar cuán frecuentemente nosotras, y también otros, evitamos la responsabilidad de nuestros errores y acciones mediante la culpa.

Si tropiezo en la oscuridad con una alfombra, quizá culpe a Dave por no dejar la luz encendida. Si Dave casi se choca con alguien que está dando marcha atrás para salir de un estacionamiento, siempre es culpa de esa persona por no prestar atención a lo que está haciendo. Y la lista continúa con cosas de las que culpamos a otros, y la mayoría de las veces lo hacemos sin tan siquiera darnos cuenta de lo que nosotros estamos haciendo. Culpar se convierte rápidamente en una excusa para nosotras como seres humanos para no asumir la responsabilidad de nuestras propias acciones.

Cosas como tropezarse con una alfombra o casi chocarse con alguien que sale de un estacionamiento son pequeños ejemplos, y aunque quizá no causen grandes problemas en nuestra vida, nos mantienen en modo de no enfrentar la verdad sobre nosotras mismas. La mayoría tenemos que enfrentar problemas más grandes que las alfombras y los estacionamientos, así que hagamos todas el compromiso de hacer frente a la verdad y disfrutar de la libertad que nos da Dios como resultado de ello. Simplemente decir: "Eso fue totalmente culpa mía, y siento haberlo hecho", nos libera y enriquece nuestras relaciones.

La barricada de las excusas

Poner excusas por nuestro mal comportamiento es una importante barricada para nuestro progreso que se tiene que confrontar y quitar de nuestro camino. Una vez oí que las excusas son razones llenas de mentiras. En otras palabras, las excusas excusan nuestra conducta como resultado de mentirnos a nosotros mismos sobre lo que hicimos o por qué lo hicimos. George Washington Carver dijo: "El noventa y nueve por ciento de los fracasos vienen de personas que tienen el hábito de poner excusas".[22]

Estoy segura de que ha oído la frase: *Eso es una excusa barata*. Y eso es exactamente lo que son nuestras excusas. No tienen verdad en sí mismas, y no tienen peso alguno delante de Dios. Encontraremos la verdadera libertad al aprender sencillamente a decir: "Lo siento, y no tengo excusa para mi conducta".

> Aprender a decir: "Lo siento, y no tengo excusa para mi conducta".

Cuando podemos decir eso con sinceridad, nos libera y ayuda mucho a la hora de que las personas a las que hemos herido nos perdonen.

Las excusas que podemos pensar son interminables, pero son simplemente formas de evitar asumir la responsabilidad de nuestras acciones, y hasta que hagamos eso, no hay sanidad.

CAPÍTULO 16

La barricada de la autocompasión

Como cristianos nunca deberíamos sentir lástima de nosotros mismos. En el momento en que lo hacemos perdemos nuestra energía, perdemos la voluntad de luchar y la voluntad de vivir, y quedamos paralizados.

—Martyn Lloyd-Jones

Un indio cherokee estaba enseñándole a su nieto acerca de una batalla que se produce en cada ser humano. Le dijo al joven: "La batalla es entre dos lobos. Un lobo es perezoso, cobarde, vano, arrogante y lleno de autocompasión, dolor, lamento, envidia y enojo. El otro lobo es diligente, valiente, humilde, benevolente y lleno de compasión, gozo, empatía y fe". Entonces se produjo un silencio.

El nieto pensó en los lobos durante un instante y después le preguntó a su abuelo: "¿Y cuál es el lobo que gana?".

El cherokee más anciano respondió: "El que tú alimentes".[23]

Yo tenía muchas razones, como les sucede a algunas de ustedes, para sentir lástima de mí misma, pero mi autocompasión era una barricada para la sanidad de mi alma y para vivir la mejor vida que había disponible para mí. Era un problema enorme para mí (como lo es para muchas personas), así que quiero dedicar un capítulo entero al tema. La autocompasión no se irá por sí sola. Tenemos que dejar de alimentarla, y eso significa que tenemos que dejar de ceder a ella.

Aprendí que solo porque mi enemigo, el diablo, me invitara a una fiesta de conmiseración, no significaba que yo tuviera que asistir. Él nos ofrecerá muchas razones por las que deberíamos asistir recordándonos todo lo que no tenemos en la vida y tentándonos a compararnos con otras personas que parecen tener vidas mejores que nosotras.

Oro para que después de leer y meditar en el material de este capítulo, usted decida firmemente no emplear nunca otra hora más en la autocompasión, y mucho menos todo un día, o quizá incluso días seguidos. Los días que yo malgasté sintiendo lástima de mí misma son demasiados como para contarlos. Son días que nunca podré recuperar, porque una vez que un día termina, nunca podemos volver a él y vivirlo de nuevo. Podemos, no obstante, aprender de nuestros errores y tomar mejores decisiones en el futuro.

¿Alguna vez le ha ayudado la autocompasión?

La verdad es que la autocompasión nunca me ayudó ni tan solo una pizca. No me ayudó a cambiar nada ni a progresar. Nunca ayudó a las personas que me rodeaban, muchas de las cuales estoy segura de que eran la fuente de mis sentimientos de lástima. Me drenó la energía, me robó la poca esperanza que pudiera haber tenido de disfrutar de cualquier cosa, e impidió que Dios me ayudara. La autocompasión nos deja sintiéndonos desesperanzados, y ese es uno de los peores sentimientos del mundo. Conduce a la depresión y nos impide por completo ver las cosas buenas que sí tenemos. La autocompasión es realmente alardear de nosotras mismas sobre lo mal que nos va la vida. Suena a algo parecido a esto:

> *La autocompasión es alardear de nosotras mismas sobre lo mal que nos va la vida.*

"Mi vida es peor que la de todas las personas que conozco. Es muy mala. No sé cómo alguien puede vivir una vida tan mala y sobrevivir. Nadie entiende cómo me siento y a nadie le importa". Es tiempo de empezar a alardear de las cosas buenas y pedirle a Dios que se ocupe de lo malo.

La autocompasión es un enemigo y debería tratarse como tal. Nunca abriríamos conscientemente la puerta e invitaríamos a un ladrón a entrar en nuestra casa, y sin embargo, les abrimos la puerta a la autocompasión y a otras actitudes destructivas que son definitivamente ladrones.

La autocompasión viene de una falta de disposición a aceptar una situación o circunstancia en su vida. A menudo se desarrolla cuando hay cosas que queremos pero no podemos tener o cosas que no queremos y no podemos eliminar. Es un sentimiento de que usted es una víctima de algo o de alguien. Esto se alimenta al meditar una y otra vez en sus desafíos, dificultades y problemas en la vida y comparando su vida con alguien que usted piensa que tiene una vida mejor que la suya. *¿Está usted alimentando al lobo incorrecto?*

Quienquiera que sea hija de Dios, tiene semillas de bondad y conducta justa en su espíritu. Tiene la capacidad de disfrutar la vida diariamente y estar agradecida por lo que hace en vez de tener resentimiento por lo que no tiene. Tenemos a Jesús, y todas las cosas buenas se encuentran en Él. Él está en nosotras y nosotras estamos en Él. Las semillas de una vida asombrosa están en nosotras, pero no crecerán si seguimos obstaculizando su florecimiento con actitudes destructivas como la autocompasión.

El apóstol Pedro dijo que cuando nacemos de nuevo, nacemos a una esperanza viva (ver 1 Pedro 1:3). En otras palabras, nunca nos quedamos sin esperanza, ya que Dios nos ha dado las herramientas para resistir la autocompasión siempre que intente hacernos una visita. Esperanza es expectativa positiva de que algo bueno va a sucedernos en cualquier momento. Ese tipo de actitud positiva no puede coexistir con la autocompasión.

En vez de alimentar al lobo malo, podemos escoger alimentar al bueno, el que nos hace ser agradecidas, gozosas y ayudar a otros, mientras confiamos en que Dios nos ayuda con cualquier dificultad que tengamos.

Usted puede tener lástima o poder

Un domingo, Dave estaba viendo un partido de fútbol y realmente parecía estar disfrutándolo, los niños estaban fuera jugando, y yo podía oír en la lejanía los sonidos de las risas en el jardín. Debería haberme alegrado de que mi familia estuviera disfrutando su día, pero en vez de eso sentía lástima de mí porque estaba trabajando, lo cual, por cierto, fue decisión mía. Yo era adicta a la autocompasión, así que realmente había creado circunstancias que me daban la razón para sentirme miserable.

Recuerdo que estaba limpiando la casa y pensando: *Debe ser increíble sentarse y disfrutar o estar jugando fuera al sol, pero alguien tiene que hacer las tareas aquí, ¡y siempre me toca a mí!* Mientras más vueltas daba a ese tipo de pensamiento en mi mente, más alimentaba al lobo malo y me hundía en un pozo de desesperación. Limpiaba la casa todos los días, y le puedo asegurar que no limpiaba porque la casa estuviera sucia; lo hacía para ver si Dave sentía pena por mí y dejaba de ver el fútbol y... hacía ¿qué? Lo raro es que cuando miro atrás, ni siquiera sé lo que quería que él hiciera, pero sé que no quería que disfrutara un rato. Verá, las personas que se sienten desgraciadas quieren que otros también sean desgraciados. En realidad sienten resentimiento hacia las personas que son gozosas.

Sé que suena terriblemente macabro, pero enfrentar la verdad sobre mi autocompasión y lo que había tras ella finalmente me liberó de ella. Tenía un alma terriblemente herida como consecuencia del abuso que otros me infligieron y necesitaba sanidad desesperadamente, pero no sabía cómo o dónde encontrarla. Imagino que en ese momento de mi vida ni siquiera reconocía del todo que tenía un problema, porque aún estaba en la etapa de la vida de "culpar a otros".

Pasé un par de horas limpiando la casa ruidosamente, cerrando los cajones y las puertas bruscamente, esperando que Dave me preguntara qué me pasaba, y como no lo hizo, terminé sentándome en el piso del baño, llorando y totalmente absorbida en la autocompasión. Esta escena no era nueva. El piso en el que me senté podía ser otro, pero la situación era la misma. Las cosas no estaban saliendo a mi manera, así que sentía lástima de mí misma.

En un momento durante una de mis fiestas de autocompasión, oí a Dios hablar a mi espíritu, diciendo: "Puedes tener lástima o poder, pero no puedes tener ambas cosas. ¿Cuál vas a escoger?". Esta palabra de Dios es una de las cosas más poderosas que Dios me había dicho jamás. Hay otras muchas, pero esta está entre las

> *Puedes tener lástima o poder, pero no puedes tener ambas cosas.*

principales "palabras a su debido tiempo" que me han ayudado a ser libre. Estaba siendo confrontada con una decisión, y dependía de mí. ¿Qué lobo iba a alimentar? ¿Alimentaría al bueno o al malo?

No tenemos dos lobos viviendo en nuestro interior como sugiere la historia, pero sí tenemos dos lados en nuestra naturaleza. Tenemos la naturaleza carnal que siente y razona sin el Espíritu Santo. Es depravada al grado máximo y totalmente egocéntrica. También tenemos una nueva naturaleza, recreada a imagen de Dios. Es buena al máximo grado. Cada día alimentamos una u otra, y la que más alimentamos es la que más fuerte se vuelve.

Cuando Dios me habló sobre tener lástima o poder, ya estaba enseñando en un pequeño grupo de estudio bíblico en casa cada semana, y verdaderamente quería progresar en mi caminar y mi relación Dios. Sin embargo, tenía muchas barricadas en mi camino que tenía que reconocer y ocuparme de ellas. Todas eran destructivas, pero la autocompasión era una de las peores.

Dios me estaba ofreciendo una decisión para cambiar mi vida, y era una que solo yo podía tomar. Si quería experimentar su poder en mi vida, entonces con su ayuda tenía que dejar la autocompasión. Quizá parezca que la decisión era obvia, ya que a fin de cuentas, ¿quién elegiría la autocompasión cuando se le ofrece como alternativa el poder? Pero las personas toman esa decisión cada día, y debido a que se han revolcado en la autocompasión durante tanto tiempo y aunque lo odian, a la vez encuentran cierto grado de comodidad en ello. Usted sabe a lo que me refiero, ¿me equivoco? Usted ha tenido una semana verdaderamente mala, o un mes o un año, o quizá incluso una vida realmente mala. Toda su familia ha salido y usted está sola en casa. Le espera una montaña para lavar. Se hace una taza de café, y por supuesto no puede comerse el pastel que le gustaría porque, pobrecita de usted, ganaría peso fácilmente y ya tiene que perder veinte libras (diez kilos). Admítalo: siente cierta comodidad al sentarse con la taza caliente en su mano y pensar en lo mal que le va la vida. A fin de cuentas, nadie más piensa en usted… ¿correcto?

Puede que nos sintamos bien temporalmente en nuestra naturaleza carnal, pero no solo es en vano, sino que debilita. Nos paraliza e impide cualquier progreso en la vida. También es un pecado.

¿La autocompasión es pecado?

Ahora mismo, quizá no esté segura de estar de acuerdo conmigo en que la autocompasión sea pecado. Usted sabe que es un problema, algo que no debería hacer, pero ¿es pecado? *Vamos, Joyce, ¿no es una afirmación un poco severa?* Yo misma tuve que encarar esta pregunta hace muchos años, y al buscar el pecado de la autocompasión, no pude encontrarlo escrito así en ningún lugar de la Biblia. Entonces Dios me llevó a Gálatas, donde encontramos una lista de las obras de la carne, una de las cuales es idolatría. Está escrita junto a la inmoralidad sexual, la brujería, la ira, la envidia, el asesinato y el libertinaje, por nombrar solo unas cuantas (ver Gálatas 5:19-21).

Mientras meditaba en lo que sentía que Dios me estaba mostrando, intenté no estar de acuerdo con Él un poco. *Bueno, Señor, la idolatría es la adoración de los ídolos, no la autocompasión.* Y fue entonces cuando se abrieron mis ojos a lo horrible que es el pecado de autocompasión. Es idolatría porque miramos hacia adentro y nos idolatramos a nosotras mismas. Todo en nuestra vida se trata de lo mal que nos han tratado, lo mucho que nos estamos perdiendo en la vida, lo difícil que es la vida para nosotras, lo que otras tienen que nosotras no tenemos, y muchas cosas más. Dios quiere que tengamos lástima y compasión de otros en su dolor y sufrimiento. Pero yo había pervertido esa maravillosa capacidad de Dios para acercarnos a otros y aliviar su sufrimiento al interiorizar y cerrarme a otros mientras me revolcaba en una nube de melancolía y negatividad.

Sí, la autocompasión es un pecado, y como muchos otros

pecados tenemos que admitirlo y arrepentirnos de él. Por cierto, acabo de hacer un pequeño descanso en mi escritura y me he preparado una taza de café. Y me estoy comiendo el pastel esta vez (al menos la mitad, y déjeme decir que es un pastel de zanahoria, para que de algún modo sea "legal" porque tiene un vegetal). Ahora me lo puedo comer porque en vez de comenzar mi día sintiendo lástima de mí misma porque subí de peso fácilmente y tengo que perder veinte libras (diez kilos), ahora camino cinco millas (ocho kilómetros) por la mañana mientras oro y le doy gracias a Dios, ¡y he perdido los diez kilos! Abandonar la autocompasión tiene unos maravillosos efectos secundarios que usted no se querrá perder.

La tentación a pecar siempre vendrá, y esa es la razón por la que Dios nos ha dado el fruto del dominio propio (ver Gálatas 5:22-23). Todavía tengo la tentación a veces de sentir lástima de mí cuando tengo un día difícil, y sí, Dave sigue viendo el fútbol, pero las cosas han mejorado. Él también lava los platos ahora y a veces incluso hace la colada mientras yo me siento y veo televisión. ¡Sin duda, Dios hace cosas maravillosas! Como todas las demás, yo tengo que resistir cualquier tentación a pecar, y algunos días tengo que resistir la tentación a sentir lástima de mí nuevamente hasta que consigo la victoria una vez más. Pero he recorrido un largo camino, y pretendo seguir avanzando día a día.

Dos de los antídotos para la enfermedad de la autocompasión son estar extremadamente agradecidas y hacer cosas por los demás, porque cuando hacemos eso, nos ayuda a no tener la mente enfocada en nosotras. Ser realistas con nuestras expectativas es útil. Si busca la perfección, se dirige hacia mucha decepción, porque nadie es perfecto y nadie tiene una vida perfecta. Todas tenemos cosas que tratar que no son agradables, y esperar que todo sea divertido y fácil solo nos prepara para la decepción.

Otro ungüento maravilloso para la autocompasión es simplemente levantarse y salir y hacer algo. Incluso algo muy simple, como salir al jardín y dar un corto paseo, puede romper el ciclo. Y una cosa que funciona siempre es encontrar algo que la haga reír. Y no se atreva a pensar en este instante: *Ug, debe estar de broma, Joyce. No hay nada en mi vida con lo que me pueda reír.*

Es tiempo de abandonar todas las excusas y deshacerse de las barricadas del camino para que pueda avanzar. La sanidad para su alma y una vida que pueda disfrutar son las cosas que le esperan al otro lado de las barricadas. Ser libre de la autocompasión, o de cualquier otra barricada de las que he mencionado, ciertamente puede que no sea la respuesta total para la sanidad de su alma herida, quizá necesite otra ayuda y más tiempo, pero ciertamente es un gran comienzo y algo que solo puede hacer que las cosas mejoren en su vida. Confíe en que Dios le dará una sanidad total, ¡porque Jesús puede sanar todas sus heridas!

CAPÍTULO 17

Defiéndase

El valor es contagioso. Cuando un hombre valiente se levanta, la fuerza de voluntad de otros a menudo se endurece.

—Billy Graham

La historia de esta nación está llena de relatos de personas que defendieron lo correcto y cambiaron la historia gracias a ello. Personas como Martin Luther King Jr., Eleanor Roosevelt, Rosa Parks, Alice Paul, Susan B. Anthony, y muchos otros. Puede que usted sea usada para cambiar la historia de muchos, pero si no, al menos puede ser alguien que cambie su propia historia. Su doloroso pasado no tiene que ser su destino; puede ponerse firme contra la mala conducta de otras personas que la han lastimado, y cuando lo haga, se sentirá empoderada en vez de tan solo sentirse una víctima indefensa.

Las personas que están sufriendo abuso o maltrato tienen que ser valientes, hablar y ponerse firmes para protegerse. Las personas más abusivas retroceden cuando se les confronta. Estoy familiarizada con un caso en el que, durante años, el hombre del hogar había sido muy controlador, humillaba y se enojaba rápidamente cuando las cosas no salían como él quería. Su esposa es humilde y tiende a ser temerosa, así que simplemente aceptó la conducta de él durante muchos años. Finalmente ella ha empezado a hacerle frente, y aunque les queda mucho camino por recorrer, él ahora la trata un poco mejor. Él ha estado recibiendo consejería con respecto a su problema con la ira, y de hecho ha admitido en una sesión de consejería que como ella ya no está dispuesta a aceptar su mala conducta y lo está confrontando, por eso la trata mejor.

Las personas más controladoras harán todo lo que los demás estén dispuestos a tolerar, y aunque sería mucho mejor y hablaría mucho mejor sobre su carácter el que trataran bien a los demás, porque es lo que se debe hacer, por lo general no se comportan así. Los abusadores normalmente les faltan el respeto a las personas que aceptan mansamente su mala conducta. Una parte de ellos realmente quiere que alguien los confronte. Quizá reaccionen mal al principio, pero a la larga es la única forma de que dejen de abusar.

Obviamente, hay personas que se ponen incluso más enojadas y violentas cuando se les confronta, y si ese es el caso, la mejor opción es alejarse de ellas. No me imagino cuán diferentes habrían sido nuestras vidas si mi madre hubiera confrontado a mi padre, pero como nunca lo hizo, no solo se hizo daño a ella misma sino también a mi hermano y a mí. Su única excusa fue que tenía miedo. El temor es un sentimiento que sirve para impedirnos progresar o hacer las cosas que sabemos que deberíamos hacer. Sin embargo, podemos aprender a defendernos, incluso aunque tengamos que "hacerlo con temor".

Abraham Lincoln dijo: "Asegúrese de que sus pies estén en el lugar correcto y después afírmese".[24] Es importante que tomemos una posición, pero se debe hacer de una manera adecuada. He conocido a personas que, aunque estaban en el proceso de defenderse, terminaron hiriendo a otros aún más de lo que ellas habían sido heridas. Yo fui una de esas personas durante un tiempo, hasta que aprendí a hacer las cosas a la manera de Dios en vez de hacerlas a mi propia manera.

Decidí que nadie se volvería a meter conmigo ni a abusar de

mí cuando me alejé de mi padre, pero en el proceso me volví una persona rebelde y controladora. Comencé a cambiar finalmente, pero fue solo después de que Dave comenzara a confrontarme. Él leyó un libro sobre preocuparse lo suficiente como para confrontar, y Dios lo usó para decirle que había llegado el tiempo de que adoptara una posición.

El tiempo oportuno es crucialmente importante. Siempre deberíamos orar y buscar el tiempo y lugar oportunos para confrontar. Dave oró por mí durante muchos años porque sabía que me comportaba mal porque había recibido una gran herida, y verdaderamente creo que sus oraciones ayudaron en la preparación de mi corazón para el cambio. Dios estaba obrando en mí y enseñándome, y yo tuve que llegar al punto en el que verdaderamente quería cambiar, pero puedo decir honestamente que el hecho de que Dave me confrontara fue lo que necesitaba para que me tomara mis problemas lo suficientemente en serio para hacer algo al respecto.

Una de las cosas que entiendo que me ayudó fue que yo intentaba hacer que Dave pagara por lo que otros hombres me habían hecho, y eso era totalmente injusto para él. Tenía miedo de que si le dejaba ejercer cualquier autoridad como cabeza de nuestro hogar, se aprovecharía de mí como lo habían hecho todos los demás hombres, y yo no iba a permitir que eso volviera a suceder. Finalmente aprendí que solo Dios podía pagarme por el dolor de mi pasado y que tenía que creer que Dave no era como los hombres que me habían herido.

Defiéndase, pero hágalo correctamente. No actúe mal al intentar lidiar con la mala conducta de otros. Conozco una chica de unos veinte años que creció en un hogar con un padre iracundo

> *No actúe mal al intentar lidiar con la mala conducta de otros.*

y explosivo que era muy controlador. Ella al principio tenía miedo de su ira y se ponía nerviosa y ansiosa porque no sentía que estaba en un entorno seguro, pero finalmente tuvo el valor de hablar. Ciertamente ya no deja que nadie la controle, pero se ha vuelto excesiva en su actitud y a menudo reacciona como si alguien estuviera intentando controlarla, incluso si expresa una opinión que es distinta a la de ella. Siente que las mujeres en general están marginadas e infravaloradas en el ámbito laboral, y está decidida a arreglar algunas cosas erróneas. Su motivación es buena, pero sus métodos no lo son. Se está convirtiendo en una feminista radical que ve muchas cosas como maltrato, mientras que en verdad no es ese el caso. ¡Se comporta como si las mujeres debieran tener *derechos especiales* en vez de *derechos iguales*!

Cuando una mujer ha sido seriamente maltratada, es poco probable que tenga la capacidad de ver las cosas y las personas de una forma equilibrada mientras las esté juzgando a través de su dolor. Necesitamos que la Palabra de Dios nos guíe a lo que es correcto, y necesitamos un corazón dispuesto que sea obediente a ella y considere que es la autoridad suprema de nuestra vida. La única forma en la que aprendí lo que era la conducta correcta fue estudiando la Palabra de Dios. No siempre queremos hacer lo correcto, pero si lo que queremos hacer o nos apetece hacer no está en consonancia con la Palabra de Dios, entonces podemos someternos a los caminos de Dios, sabiendo que al final, son siempre buenos y producen el mejor resultado.

Siga a Dios, no al hombre

Tenemos muchos buenos ejemplos de hombres y mujeres en la Biblia que se defendieron. Daniel era un joven que confiaba en Dios y oraba tres veces al día con sus ventanas abiertas. El rey dio la orden de que nadie podía orar a ningún dios sino a él, o de lo contrario sería castigado siendo arrojado al foso de los leones. Daniel fue a su habitación, abrió las ventanas y siguió orando como lo había hecho antes. Lo arrojaron al foso de los leones; sin embargo, Dios estaba con él y lo libró. Envió un ángel para cerrar las bocas de los leones para que no le hicieran daño a Daniel (ver Daniel 6:7-22).

A los apóstoles les prohibieron predicar en el nombre de Jesús bajo amenaza de ser encarcelados y golpeados, pero ellos predicaron igualmente. Fueron golpeados y encarcelados, pero Dios envió un ángel para librarlos milagrosamente, y el carcelero y toda su casa se convirtieron a Dios (ver Hechos 16). Si usted hace las cosas a la manera de Dios, puede ser usada por Él para ayudar a muchas otras personas que pueden estar pasando por el mismo tipo de dolor que usted experimentó.

Rosa Parks, una costurera de raza negra, era requerida por ley que cediera su asiento en el autobús y dejara que un hombre blanco se sentara en él, pero ella se negó. Su negativa provocó el movimiento por los derechos civiles en los Estados Unidos, el cual lideró Martin Luther King Jr. Rosa siguió su corazón en vez de seguir las demandas de los hombres, y los resultados de sus valientes acciones siguen dando testimonio hasta la fecha.

El poder de ser firme para reducir el estrés

Hace poco me topé con una historia sobre la firmeza que me pareció interesante. La directora de una pequeña biblioteca en el medio oeste, Marcia (no es su verdadero nombre), dice que ella fue tímida y dulce durante muchos años de su vida: "Dejaba que la gente me pisoteara, y terminaba siendo realmente infeliz la mayor parte del tiempo".

Pero un día se levantó para defenderse y todo cambió.

Marcia había cometido un pequeño error en el trabajo, y una administradora de la biblioteca conocida por sus bravuconas maneras envió una fuerte reprimenda al correo electrónico personal de Marcia, con copia a toda la junta directiva. Marcia reconoció el error y se disculpó por su falta, y después le pidió a la administradora que no mandara copias a toda la junta de un correo electrónico así solo para dejarla en mal lugar. Bueno, al día siguiente, esta jefa bravucona apareció en la biblioteca y regañó a Marcia en persona, delante de todo su equipo.

"Yo estallé", dice Marcia. "Me levanté y dije: 'Por lo que a mí respecta, esta conversación ha terminado. Lo ha dejado todo muy claro. Ya me disculpé. Se acabó'".

Y fue entonces cuando ocurrió algo muy interesante: la mujer dio un paso atrás y dijo: "Bueno, veo que ahora sí tenemos una directora", queriendo decir que finalmente Marcia demostró tener la firmeza necesaria para el trabajo.

Marcia nunca volvió a ser la misma. Había descubierto el poder de confiar en sí misma y liberarse para siempre de sufrir ataques, puñaladas por la espalda o pisoteos.[25]

Aunque la mansedumbre es una cualidad que Jesús demostró, y una que nos anima a todas a desarrollar, una mansedumbre verdaderamente piadosa es muy distinta a lo que el mundo llama ser manso. La verdadera mansedumbre es fuerza bajo control. Significa que tenemos el poder para hacer algo, pero no nos moveremos hasta que Dios nos guíe a hacerlo. Mucho de lo que el mundo llama mansedumbre es solo debilidad y temor.

Seguir la corriente para llevarse bien parece un enfoque pacifista en cuanto a las relaciones, y aunque eso podría ser preciso a veces, en realidad aprender a ser firme cuando es necesario, pedir lo que queremos y necesitamos, decir no cuando sea necesario y demandar el debido respeto es más eficaz y menos estresante. Cuando nos defendemos, estamos poniendo límites.

> *Cuando nos defendemos, estamos poniendo límites.*

Cuando nos defendemos no estamos intentando controlar lo que otras personas hacen, sino más bien estamos controlando lo que nos hacen. Estamos diciendo mediante nuestras acciones y palabras que no permaneceremos inactivas mientras ellos nos atacan o menosprecian. Estamos dejándoles saber a otros que nos respetamos y valoramos y que esperamos que ellos hagan lo mismo.

Si usted va a confrontar a alguien por algo, no le recomiendo hacerlo en un correo electrónico o una llamada de teléfono, si es posible. Lo mejor es cara a cara, porque de esa forma nuestro comportamiento, expresiones faciales y lenguaje corporal se pueden ver mientras se escuchan nuestras palabras. Se puede decir algo firme con una sonrisa y que sea más fácil de recibir que si se dice con el ceño fruncido. Se puede decir mientras está cómodamente sentada en una silla y será muy distinto a si se dice mientras está de pie de forma rígida con las manos en las caderas. Que su tono de voz sea lo más calmado posible, pero que también sea firme y decidido. La Biblia dice: "La respuesta amable calma el enojo, pero la agresiva echa leña al fuego" (Proverbios 15:1).

Por lo general, lo mejor es no confrontar o ser demasiado firme cuando estamos enojadas, porque entonces el enojo que estamos sintiendo, en vez del Espíritu Santo, es lo que nos estará controlando. Esperar para confrontar una situación no siempre funciona, pero cuando sea posible, he descubierto que es lo mejor.

Cuando sabemos que no nos están tratando bien o nos están faltando al respeto y no hacemos nada, crea estrés porque sabemos que no está bien, y de hecho no nos sentimos bien porque lo estamos permitiendo. Hacer esas cosas con las que nuestro

6

1

61

Defiéndase

corazón no está de acuerdo siempre crea estrés, ya sea que estemos haciendo algo que sabemos que está mal o no haciendo algo que sabemos que sería lo correcto hacer.

El primer paso quizá sea el más difícil

Si usted tiene un historial de no hablar o seguir la corriente para llevarse bien, dar el primer paso hacia ser más firme y expresarse audiblemente probablemente le resulte muy difícil. Quizá ni siquiera consiga un buen resultado la primera vez que lo haga. Yo tenía un empleado que era muy controlador, y cuando finalmente lo confronté tras varios años de no hacerlo, se puso extremadamente enojado y salió del restaurante donde estábamos dando un portazo. En este caso, mi confrontación no lo hizo cambiar, pero me convenció de que tenía que trabajar en algún otro lugar, y eso fue lo que hice. Mi confrontación quizá no lo cambió a él, pero me cambió a mí y, de hecho, me puso en el camino de la vida que me ha llevado al ministerio que tengo en la actualidad.

No deje que el temor a defenderse le impida ser todo lo que puede ser y hacer todo lo que puede hacer. Nunca se sentirá realizada y satisfecha si no cumple su destino. Usted es demasiado vulnerable para dejar pasivamente que otros abusen o la usen. ¡Es tiempo de defenderse!

Usted es demasiado vulnerable para dejar que otros abusen.

CAPÍTULO 18

Ponga límites; no levante muros

Usted recibe lo que tolera.

—Henry Cloud

¿Está resentida porque siente que la gente se aprovecha de usted? Quizá lo único que tiene que hacer es establecer algunos límites. Un límite es como una valla que protege su propiedad. Si no tengo valla y los perros del vecindario hacen sus necesidades en mi jardín mientras dan su paseo matutino, no puedo culpar al perro. Tengo que limpiar lo que han hecho sin quejarme, o poner una valla.

Recuerdo quejarme con Dios por el jefe que mencioné que me estaba controlando, y Dios me sorprendió diciéndome que yo era tan culpable como él porque aunque él me estaba controlando, yo permitía que lo hiciera. ¡Ay! Es importante que establezcamos límites en todas las áreas de nuestra vida. Algunos de los límites que establecemos son para nosotras mismas: pueden ser límites para nuestros hábitos alimenticios, presupuesto, cuánto trabajamos y cuánto descansamos, y otras cosas que nos ayudan a tener disciplinas saludables en nuestra vida cotidiana. Otros límites que ponemos son para la gente. Estos límites impiden que resultemos heridas, y ayudan a otros a darse cuenta de que si quieren relacionarse con nosotras, no podrán aprovecharse de nosotras en el proceso.

Quizá usted es una persona a quien le gusta ayudar y tiene un corazón tierno, pero necesita tener cuidado de no desarrollar el hábito de cuidar de otras personas que no están haciendo ningún esfuerzo por cuidar de sí mismas. ¿Está cansada de intentar ayudar a alguien que no quiere que le ayuden? ¿Ha permitido que alguna persona se vuelva tan dependiente de usted para su provisión y ayuda que ahora está resentida con ella pero sigue haciendo lo que le pide que haga? Si dijo que sí a alguna de estas preguntas, significa que necesita algunos límites en esas relaciones.

La Palabra de Dios nos enseña a ser consideradas, pero nos insta a ejercer una *sabia* consideración (ver Proverbios 1:3). Realmente dice que debemos usar la disciplina de la sabia consideración. En otras palabras, está bien que quiera ayudar a alguien pero necesita disciplinarse para no hacerlo, porque en lo más profundo de su corazón, usted sabe que finalmente será mejor para esa persona si no lo hace. Los padres que quieren ayudar en exceso a sus hijos y que hacen demasiado por ellos, que siempre los rescatan cuando tienen un problema, no les están ayudando a que se preparen para el futuro. De hecho, están haciendo que se conviertan en adultos irresponsables.

Siempre que alguien le pida algo, ya sea un favor, ayuda con un proyecto o ayuda económica, quiere que usted diga sí a su petición, pero no es bueno decir siempre a la gente lo que quiere oír. Cuando hacemos eso podríamos estar en peligro de convertirnos en personas que quieren agradar a otros en lugar de agradar a Dios. Cuando nos piden hacer algo por otra persona, deberíamos dar respuestas sentidas y sinceras. Es importante que cada una de nosotras aprenda a seguir su corazón, y eso significa seguir la guía de Dios en todas las cosas. La Palabra de Dios nos enseña a decir la verdad en amor (ver Efesios 4:15), porque una relación deshonesta es una relación insana.

Mientras más trabaja Dios en nuestra vida y sana nuestra alma herida, más disfrutamos de ayudar a otras personas, y aunque eso es bueno, debemos tener cuidado de no dejar que la gente se aproveche de nosotras. Me di cuenta hace varios años de que tenía varias relaciones unilaterales, relaciones en las que era yo sola quien siempre daba y la otra parte solo se limitaba a recibir, y decidí que tenía que poner algunos límites.

Siempre ayudaré a las personas que tienen necesidad, pero si eso se vuelve excesivo o si siento que me están usando y que no muestran un ápice de amor e interés, entonces dejaré de hacerlo. Nunca deberíamos dar solamente para conseguir algo a cambio, pero todas las relaciones necesitan límites para que sean saludables. Incluso Dios llega a un punto en su relación con nosotros en el que ya no está dispuesto a que Él siempre sea el que da mientras que nosotros no mostramos interés alguno en pasar tiempo con Él o en servirlo de manera alguna. Él es un Padre amoroso y generoso que nunca deja de amarnos, y aunque estemos en la etapa de bebé en nuestra relación con Él, Él da y da y da, pero finalmente no es bueno para nosotros que nunca empecemos a devolver algo de lo que recibimos.

> *Verdaderamente no amamos a otra persona si le dejamos que se aproveche de nosotros.*

El amor reprocha y castiga además de ayudar y dar. Verdaderamente no amamos a la persona si le dejamos que se aproveche de nosotros. Dios nos confronta por nuestro propio bien, y lo hace porque nos ama.

> Yo reprendo y disciplino a todos los que amo. (Apocalipsis 3:19)

Los límites saludables son redes de seguridad para nosotras y otras personas, pero tenemos que asegurarnos de que verdaderamente estamos poniendo límites, no construyendo muros. La mayoría de las vallas tienen una puerta, y si no la tienen, dejan de ser una valla para convertirse en una prisión. Cuando una valla tiene una puerta, podemos salir si queremos y podemos dejar que alguien entre si queremos, pero los muros no tienen puertas. Excluyen a otros de nuestra vida, pero también nos encierran a nosotras.

Un límite saludable en las relaciones sería algo así en nuestro pensamiento: *Me han herido muchas veces en mi vida, y quiero protegerme y tener relaciones con personas seguras. Por lo tanto, voy a usar el discernimiento con respecto a las personas con las que establezco relaciones, y si una persona comienza a aprovecharse de mí, la confrontaré. Si sigue haciéndolo, abriré la puerta y la sacaré de mi vida.*

Como contraste, un muro en una relación sería algo así en nuestro pensamiento: *Me han herido mucho en el pasado, y nadie me volverá a herir jamás. Cuidaré de mí misma y me protegeré. No me acercaré demasiado a nadie, y así no podrán herirme.* En este caso, quizá piense que he establecido un límite, pero en realidad es un muro.

Una de las primeras cosas que hice durante años después de salir de la casa de mi padre fue levantar rápidamente un muro en mi corazón por si algún conocido mío me hería lo más mínimo. De hecho, podía sentir cómo se levantaban los muros, y pensaba que me protegían. Finalmente, con la ayuda de Dios, me di cuenta de que aunque Él quiere que establezcamos límites sanos, solo Él puede ser un verdadero muro de protección a nuestro alrededor.

Si usted ha levantado muros en su corazón para impedir que otros le hagan daño, solamente usted puede derribarlos. Si no lo hace, nunca podrá amar o recibir realmente amor a cambio. No puedo prometerle que nunca vaya a resultar herida, pero sí puedo prometerle que aunque lo sea, Dios siempre la sanará. Como no hay personas perfectas y todos tenemos debilidades, no es posible tener relaciones y no experimentar nunca el dolor o la decepción.

Votos internos

Podemos hacer votos con nosotras mismas que tenemos que romper. Yo había jurado que nadie más me volvería a herir jamás, y nadie más me controlaría ni me diría lo que tendría que hacer. Nadie se aprovecharía de mí, y yo misma cuidaría de mí y nunca me permitiría situarme en una posición en la que necesitara a otra persona. Obviamente, si intentamos vivir con ese tipo de actitud, no podemos tener relación alguna. Todos sufrimos daño de vez en cuando, incluso las personas buenas y con buenas intenciones hieren a otras. No podemos vivir en sociedad y no querer que nadie nos diga nunca qué hacer ni que nos dé ninguna dirección, pero muchas personas hoy intentan hacer precisamente eso, y el mundo a nuestro alrededor está lleno de rebeldía e ilegalidad. Y nos guste o no, nos necesitamos unos a otros. Dios nos ha creado de tal forma que tenemos que trabajar juntos, no aislados y totalmente independientes el uno del otro. Si usted ha sido herida y decepcionada, y por ello ha decidido que no necesita a nadie, entiendo cómo se siente porque yo me sentía igual. Pero tendrá que cambiar esa actitud para poder tener un alma saludable y sanada. No fuimos creadas para estar solas.

Yo tuve que romper los votos erróneos que había hecho conmigo misma, y lo hice orando y confesando que mi actitud no era la correcta y pidiéndole a Dios que me ayudara a tener límites sanos, no muros. Cuando alguien me hiere, incluso ahora puedo sentir cómo se empieza a levantar un muro en mi corazón, pero no permito que se quede ahí porque sé que esa no es la voluntad de Dios.

Aislamiento

Cuando tenemos muros en nuestro corazón y rehusamos dejar que las personas entren, esos muros se convierten en obstáculos que nos impiden crecer espiritualmente en nuestra relación con Dios. No es posible tener una buena relación con Dios y aislarnos de la gente. Podemos decir que Dios es una persona de gentes. Él ama a las personas y quiere mostrar su amor por ellas a través de nosotros. He descubierto que la Biblia es un gran libro sobre las relaciones. Se trata sobre nuestra relación con Dios, con nosotros mismos y con nuestro prójimo. Parte del proceso de llevar a cabo nuestra salvación y experimentar la restauración es cooperar con el Espíritu Santo para que todas estas relaciones sean sanas y saludables. Aunque quizá haya algunas personas con las que nunca podamos entablar una relación porque siguen siendo abusivas, no debemos dejar fuera de nuestra vida a todas las personas por temor. Dios quiere que vivamos en comunidad con otros, amando y siendo amados, dando y recibiendo perdón, disfrutando el uno del otro y soportando las debilidades unos de otros (ver Gálatas 6:1-3).

A menudo digo, cuando estoy enseñando, que en los primeros años de mi jornada de sanidad me llevaba bien con todos, no me enojaba con facilidad, era paciente, amable y amorosa: mientras nadie estuviera en casa. Pero cuando la gente llegaba a casa, era otra historia. Quizá usted se identifique con lo que estoy diciendo. Yo fui una mamá y ama de casa durante varios de esos años. Durante el día, cuando Dave estaba trabajando y mis hijos estaban en la escuela, escuchaba música de adoración o enseñanzas mientras hacía mis tareas domésticas, y reinaba la paz y todo era bueno. Pero cuando mis hijos llegaban a casa y empezaban a hacer ruido o a hacer cosas que me molestaban, me convertía en otra persona. De repente ya no era paciente ni tarda para airarme, ni amable ni amorosa.

Algunas escogemos el aislamiento en vez de dar una oportunidad a las relaciones después de haber sido heridas, pero no podemos progresar espiritualmente para llegar a ser como Cristo si hacemos eso. Por ejemplo, nunca podemos aprender a ser pacientes si todo va como nosotras queremos rápidamente. Nunca podemos aprender a amar a las personas difíciles o las que tienen hábitos que nos molestan si nunca estamos cerca de ellas. Dios usa a las personas toscas para limar nuestras propias tosquedades.

> *Dios usa a las personas toscas para limar nuestras propias tosquedades.*

Estar sola en la vida puede parecer más fácil, pero también es más vacío. Cuando estamos solas, no tenemos que enfrentar la verdad sobre quiénes somos en realidad. Usted puede comprar una naranja que parece estar buena por fuera, pero cuando la exprime o la corta puede resultar que esté seca e insípida. Solo la verdad nos hace libres, y es imperativo para nuestro crecimiento espiritual que tengamos esos "apretones" en la vida que otras personas nos dan.

No es bueno estar sola. Dios creó a Eva porque dijo que no era bueno que el hombre estuviera solo. Ni siquiera Dios está solo porque es una Trinidad: Padre, Hijo y Espíritu Santo.

Es fácil cuando estamos solas estar ciegas a nuestras propias faltas porque no hay nadie que nos confronte. No hay nada que nos exprima para que podamos ver cómo somos bajo presión. Un pastor me dijo una vez: "Joyce, nunca conocerá verdaderamente a alguien hasta que no vea cómo responde en todo tipo de situaciones". Y he podido comprobar que es una gran verdad.

Dave dice bromeando que Dios lo puso en mi vida para crucificar mi carne, y tiene más razón de lo que cree. Cuando Dave y yo nos casamos, él era todo lo que yo no era. Al ver diariamente cómo respondía él a situaciones y personas en comparación a como lo hacía yo, era un recordatorio constante de que yo tenía problemas y necesitaba ayuda para cambiar.

Yo era impaciente y él era muy paciente, así que su paciencia (la cual yo percibía como lentitud) me molestaba. Yo tomaba decisiones muy rápidamente, y él se tomaba mucho tiempo para decidir, así que eso era un problema para mí. La lista podría continuar, pero mi punto es que yo nunca habría cambiado si no hubiera estado con Dave y muchas otras personas, muchas de las cuales me irritaban y molestaban. Finalmente, tuve que hacer la pregunta: *¿Realmente la gente molesta, o yo soy demasiado difícil de complacer?* Fue un día doloroso,

> *¿Realmente la gente molesta, o yo soy demasiado difícil de complacer?*

triste y difícil cuando finalmente admití que tenía un gran problema y que era casi imposible de complacerme. Pero también fue el día en el que comencé a hacer algo de progreso.

Le animo a no aislarse porque no le gusta tratar la dificultad de las relaciones. Sí, puede que haya dolor, pero el fin vale la pena.

Sola en una sala llena de gente

¿Alguna vez ha estado en una sala llena de gente y se ha sentido sola? La mayoría de nosotras sí, y puede suceder por distintos motivos. Puede ser sencillamente que no conocemos a nadie en la sala. Por supuesto, nuestra tentación es esperar a que venga alguien y hable con nosotras o se muestre amigable con nosotras, pero alguien que tienen confianza y seguridad tomará la iniciativa y se acercará a otros.

Puede que nos sintamos solas alrededor de gente si tenemos

levantados nuestros muros por temor a ser rechazadas. Quienes han experimentado mucho rechazo en su vida, a menudo tienen tanto temor a ser rechazadas que se aíslan, o sus temores crean rasgos de conductas en ellas que finalmente alejan a los demás.

Janet era una mujer que quería involucrarse en su iglesia y participar en los eventos sociales que se celebraban. Se unió a un grupo de estudio y comenzó a observar que cuando hacían viajes, por lo general no la invitaban a ella. Este mismo tipo de cosas le habían ocurrido otras veces en su vida, y ella no quería que le siguiera sucediendo, así que encontró el valor para preguntar a una de las mujeres del grupo que parecía no tener dificultad para expresar sus sentimientos por qué no la invitaban.

La mujer fue sincera con ella y le dijo que ella ahogaba a las personas, porque si alguien era amigable con ella, intentaba juntarse a esa persona de una forma desproporcionada. Aunque a Janet le dolió escuchar eso y tardó un tiempo y algo de consejería para entender del todo lo que le estaba diciendo la mujer, la confrontación le ayudó a dejar de culpar y comenzar a hacerse algunas preguntas: *¿Por qué soy tan sofocante? ¿Realmente estoy desproporcionada en mi relación con las personas?* El resultado final fue que Janet aprendió que tenía tanto miedo a ser rechazada por el dolor de su pasado, que cuando alguien se mostraba un tanto amigable con ella, quería estar con dicha persona a todas horas por miedo a perder la relación.

Conozco una mujer que es así, y aunque es amable de muchas maneras, generosa y encantadora, también se mete en áreas personales de la vida de las personas que desarrollan una amistad con ella, y lo hace de una forma inapropiada y ruda. Como es así, la gente tiende a evitarla. Ella no sabe cómo respetar los límites de otras personas, y eso puede ser un problema tan grande como no tener límites para sí misma.

CAPÍTULO 19

Conviértase en su mejor aliada

*Como sugiere el cuento, el "espejito, espejito" nos muestra
la cara de nuestro enemigo... nos derrotamos a nosotros
mismos mucho más de lo que nos derrotan las circunstancias externas.*

—John Maxwell

Todos queremos personas que nos aprueben y estén de nuestro
lado y no en contra nuestra, y algunas lo están, pero también
vemos que algunas no lo están. Cuando ese es el caso puede ser
doloroso, y si hemos experimentado a demasiadas personas que
no están o no estuvieron a nuestro lado, eso puede dejar heridas
en nuestra alma que tienen que ser sanadas. Incluso la desaprobación de una sola persona, si es un padre o un cónyuge, puede
herir profundamente a una persona. Deseamos el amor de nuestra familia y amigos cercanos, y no obtenerlo es a veces devastador para algunas personas. Yo conozco y hablo con personas
que tienen cuarenta y cincuenta años que siguen luchando con
estilos de vida disfuncionales porque tuvieron un padre que les
rechazó o les mostró una continua desaprobación.

El apóstol Pablo animó a los romanos con estas palabras:

> Si Dios está de nuestra parte, ¿quién puede estar en con-
> tra nuestra? (Romanos 8:31)

El salmista David dijo:

> El Señor está conmigo, y no tengo miedo; ¿qué me puede hacer un simple mortal? (Salmos 118:6)

Estos dos hombres que fueron muy usados por Dios encontraron a muchas personas que no estuvieron de su lado. Fueron consolados y consolaron a otros sabiendo que aunque tratarían con personas que no estarían de su parte y no les aprobarían, Dios siempre está de nuestro lado, y Él está siempre con nosotros en nuestros tiempos de lucha, dolor y dificultad.

Es tiempo de tomar la decisión de estar de acuerdo con Dios en vez de estar de acuerdo con nuestros enemigos. Quizá usted ha formado una opinión de sí misma basada en lo que personas desagradables han dicho o pensado de usted, o cómo le han tratado. Si es así, ese es un error que tiene que corregir. Es tiempo de que usted esté de su lado, y eso significa simplemente que es tiempo de que usted sea su propia amiga, que sea su mejor aliada y que aprenda a amarse de una forma adecuada.

Es tiempo de que usted sea su propia amiga.

No importa cuántas cosas quiera Dios hacer por nosotras y a través de nosotras, no puede hacer nada a menos que nos pongamos de acuerdo con Él, y eso significa estar de acuerdo con su Palabra. Todas sus promesas se convierten en realidad en nuestra vida solo si las creemos. Si Dios dice que somos muy amadas y que estamos llenas de su sabiduría, entonces es así. Si Él dice que somos perdonadas y que su plan para nuestro futuro es bueno, entonces es así.

¿Es usted su peor enemiga?

Quizá haya escuchado a otras personas y sus críticas durante tanto tiempo, que ahora tiene una pobre opinión de usted misma. Quiero sugerirle que deje de leer por un momento y se pregunte cómo se siente consigo misma. ¿Le gusta cómo es usted? ¿Ve y aprecia los talentos y habilidades que Dios le ha dado? ¿Sabe que es valiosa? Esta mañana mientras estaba dando un paseo, me pregunté qué era lo más importante que Dios me había enseñado que me ha ayudado a recibir la sanidad en mi alma herida, y supe al instante que fue cuando Él me enseñó a amarme y aceptarme a mí misma como su creación y su hija, y a hacerme amiga de mí misma. Esto ha sido algo que verdaderamente ha transformado mi vida, y creo que también lo hará en la suya.

He pasado del autorrechazo a aprender a disfrutar de mí misma. Me gusta estar conmigo. Hoy saldré a almorzar conmigo misma. Me encanta pasar días enteros conmigo. Oro para que a usted también le guste estar con usted. También debería aprender a ser usted misma y a amarse, disfrutarse y valorarse, porque usted siempre será usted. Todas cambiamos según crecemos en cuanto a ser más como Cristo, pero hay cosas acerca de nosotras que tendremos que aceptar incluso aunque esas cosas no sean las que hubiéramos elegido para nosotras. Si usted es más alta de lo que le gustaría ser, siempre será alta; si es más baja de estatura, siempre será baja. Puede ponerse zapatos altos, pero al final tendrá que quitárselos y entonces volverá a ser bajita de nuevo.

Yo solía desear tener una voz y una personalidad más dulces, y eso me hacía compararme con otras mujeres que eran como yo quería ser. Espero que mi personalidad sea un poquito más dulce estos días, pero mi voz sigue siendo grave y llama la atención. Por lo general no digo nada calladamente. Quería tener el cabello más largo y grueso como una amiga mía, pero sigue siendo corto y fino como el de un bebé. Podemos malgastar nuestra vida no gustándonos una cosa y otra de nosotras, pero es mucho más sabio enfocarnos en nuestras fortalezas y en todas las maravillosas cualidades que Dios nos ha dado.

Aprender a gustarse y ser su mejor aliada es una de las mejores decisiones que podrá tomar en la vida. No importa cuántas personas la amen y admiren, si usted misma no se gusta, nunca será feliz. Permítame hacerle una pregunta: si se siente mal consigo misma, ¿es por lo que otra persona piensa de usted o por lo que usted piensa de usted misma? Verdaderamente creo que si vivimos en la realidad de quien Dios dice que somos, podemos vencer fácilmente cualquier opinión negativa que otra persona pueda tener.

El apóstol Pablo era criticado frecuentemente, pero parecía valorar la opinión que Dios tenía de él más que la de ninguna otra persona. Él dijo:

> Por mi parte, muy poco me preocupa que me juzguen ustedes o cualquier tribunal humano; es más, ni siquiera me juzgo a mí mismo. Porque aunque la conciencia no me remuerde, no por eso quedo absuelto; el que me juzga es el Señor. (1 Corintios 4:3-4)

Estos versículos me han ayudado muchas veces cuando me he sentido mal conmigo misma por la crítica de otras personas. He descubierto que la única forma en la vida de que nunca te critiquen es no hacer nada y no ser nada, pero incluso así nos criticarían por ser perezosas e improductivas.

El temor a la crítica puede ser la muerte de la grandeza.

El temor a la crítica puede ser la muerte de la grandeza. Cuando somos criticadas, es sabio considerar si nuestro crítico podría tener razón o no, y si la tiene, darle las gracias; si no la tiene, debemos orar por esa persona.

Haga las paces con usted misma

Permítame animarle a hacer las paces con usted misma. Ninguna de nosotras es todo lo que le gustaría ser, pero podemos aceptar quiénes somos y continuar con la vida haciendo cosas grandes. Dios nos asigna una medida de debilidad a cada una para que siempre tengamos que depender de Él y lo necesitemos. No hay personas perfectas. Pablo luchaba con sus debilidades hasta que Dios le dijo que su poder se perfeccionaba en ellas y a través de ellas. Después de eso, Pablo las abrazó y aceptó que eran parte de quien él era (ver 2 Corintios 12:8-9). La Palabra de Dios nunca nos promete que podemos llegar a un punto en el que no tengamos déficit alguno, carencias o debilidades, pero sí nos promete que Dios será nuestra fortaleza. Recuerde que a Dios no le sorprende que tengamos defectos; Él sabe cosas de cada una de nosotras que aún tenemos que descubrir, y nos ama incondicionalmente.

Una psicóloga a la que entrevisté una vez dijo que las mujeres tenían que hacer las paces con sus piernas. Muchas mujeres tienen una falsa idea de cómo piensan que debería ser su aspecto. La mayoría de nosotras no vamos a parecernos a la modelo de la portada de la revista cuya fotografía ha sido retocada hasta la perfección, o como la estrella de cine a la que graban de una forma en la que ninguno de sus defectos es visible. Creo que deberíamos aceptar lo que Dios nos ha dado y darle el mejor aspecto posible, pero siempre rehusando compararnos con nadie. Si hay algo que no le gusta de su aspecto y puede hacer algo al respecto, hágalo, pero si no puede, haga las paces con ello y disfrute siendo usted misma. Usted vive con usted todo el tiempo, y si no se gusta, se va a sentir siempre muy mal.

Digamos que la cara de una mujer está llena de pecas y a ella no le gustan las pecas. Quizá ella desea ser actriz pero está convencida de que sus pecas son un defecto demasiado grande de superar, así que nunca persigue su sueño y termina insatisfecha en la vida porque no está haciendo lo que en verdad quiere hacer. ¿Sabe que una de las actrices más famosas que conozco tenía pecas? Su nombre es Doris Day. Era absolutamente hermosa en sus películas, y nadie se fijaba en las pecas. Creo que nadie las veía porque ella no les daba mucha importancia. Ella siguió su sueño y tuvo éxito. Quizá si no nos enfocamos tanto en lo que pensamos que son nuestras faltas, otros tampoco se fijarán.

Como cristianas se nos ha enseñado a ser humildes, pero una persona verdaderamente humilde no se menosprecia ni piensa que no es tan buena como las demás. Simplemente sabe que está en Cristo y que cualquier cosa buena que sea capaz de hacer es un don de Dios; no está por encima ni es mejor que nadie, pero tampoco es menos que nadie. De hecho, una persona verdaderamente humilde no emplea su tiempo en pensar en todo lo bueno que tiene o en todo lo malo porque simplemente no tiene su mente en sí misma de una forma excesiva. No está demasiado preocupada por su aspecto, lo que las personas piensan de ella, o en mantener la idea de ser la primera en todo. Es libre para ser quien es y hacer su mejor esfuerzo para Dios. No somos nada sin Cristo, ¡pero todo lo podemos por medio de Él! Jesús da la bienvenida a las personas con faltas, y se deleita trabajando a través de ellas.

La agonía de la baja autoestima

Cuando tenemos una baja opinión de nosotras mismas, raras veces nos sentimos cualificadas para tomar decisiones. Podemos caer fácilmente en la agonía de dudar de nosotras con respecto a todo lo que pensamos, sentimos y decidimos. Nadie tiene la razón todo el tiempo, pero tampoco nadie se equivoca todas las veces, y tenemos que aprender a seguir la sabiduría de Dios y después confiar en nosotras mismas a la hora de tomar buenas decisiones.

¿Se ve a usted misma tomando una decisión y después preguntándose excesivamente si tomó o no la decisión correcta? ¿Cambia frecuentemente de opinión y se encuentra con la mente dividida, atascada entre dos decisiones y sintiéndose estresada por cuál es la correcta? Cuando tenemos que tomar decisiones, deberíamos pedir la ayuda de Dios para saber decidir qué es lo correcto, y una vez que hayamos decidido, deberíamos no dudar ni tener el ánimo dividido por nuestra decisión. El apóstol Santiago dijo que si estamos llenas de duda, no podemos recibir la ayuda que necesitamos de Dios (ver Santiago 1:5-6). Aunque es cierto que no todas las decisiones que tomamos serán las correctas, algunas veces la única forma que tenemos de saberlo es sencillamente comenzar a movernos en la dirección que creemos que es la mejor, y pronto nos quedará claro si era la correcta o no.

El temor de tomar una mala decisión, ¿le está haciendo ser indecisa? ¿Se da cuenta de que no tomar ninguna decisión sigue siendo una decisión que usted toma? No nos protegemos de cometer errores al rehusar hacer nada. Aunque cometa un error, no será el fin del mundo y al menos puede aprender de ello.

> El temor de tomar una mala decisión, ¿le está haciendo ser indecisa?

¿Se ve a sí misma preguntando a demasiadas personas qué debería hacer cuando tiene que tomar una decisión? Aunque ciertamente no es malo e incluso puede ser útil pedir opinión con respecto a una decisión, debemos recordar que cuando preguntamos a las personas qué harían ellas, su consejo puede ser el correcto para ellos pero ser totalmente erróneo para nosotras. Todo el mundo tiene diferentes opiniones sobre muchas cosas, y preguntar a demasiadas personas puede terminar causando más confusión que ayuda. Como mínimo, puede hacerle perder mucho tiempo, porque al final es usted quien debe tomar la decisión final.

Si constantemente hace lo que las personas creen que debería hacer en vez de seguir su propia idea, está negando quién es usted y el derecho que Dios le ha dado de tomar decisiones por usted misma.

Confíe en que usted es capaz de seguir su propio corazón y saber qué es lo mejor que debería hacer. Nunca haga nada que la Palabra de Dios no apruebe ni nada que su conciencia le diga que no está bien, y recuerde siempre que muchos caminos pueden llevarle al mismo destino, y Dios le ha dado el privilegio de decidir qué camino quiere tomar. La decisión que usted tome no es la errónea solo porque no sea lo que otro hubiera hecho.

> *La decisión que usted tome no es la errónea solo porque no sea lo que otro hubiera hecho.*

Cuando tome una decisión que pueda cambiar el rumbo de su vida, tómese su tiempo antes de decidirlo, ore por ello, vea qué dice la Palabra de Dios al respecto, y siga la paz. Crea que puede tomar buenas decisiones. Confíe en que Dios la está guiando, y viva valientemente, sin temor.

Tome la decisión de ser su mejor amiga en vez de su peor enemiga. No se derrote a sí misma. Dios está de su parte, y Él quiere que usted también lo esté. Usted es una persona verdaderamente maravillosa que tiene un gran potencial, así que comience a moverse y a ser todo lo que pueda ser.

CAPÍTULO 20

Sanar las heridas de la codependencia

Yo era su cura, y usted era mi enfermedad. Yo le estaba salvando, ¡pero usted me estaba matando!

—Anónimo

Nada es más doloroso que ver a alguien a quien usted ama sufrir profundamente y, en algunos casos, hacer daño a otros mediante su conducta errónea o adictiva. Nuestra alma se hiere cuando vemos a las personas que amamos hiriéndose a sí mismas. Siempre es bueno intentar ayudar a las personas que nos importan y que están sufriendo, pero cuando esa ayuda comienza a destruirnos a nosotras, entonces tenemos que detenernos.

> Su alma se hiere cuando ve a las personas que ama hiriéndose a sí mismas.

Mi hermano, el único que tenía, era alcohólico y drogadicto, y finalmente se volvió esquizofrénico paranoico debido al abuso prolongado de las drogas. Intentamos durante muchos años ayudarle, pero sin éxito permanente. Parecía que mientras estábamos totalmente dedicados en cuerpo y alma a ayudarle, le iba bastante bien, pero sin una supervisión constante él siempre volvía a sus conductas adictivas. Yo lo amaba mucho y quería por encima de todo ayudarle, pero él era incapaz de hacerlo.

Finalmente tuve que darme cuenta de que intentar curarlo a él estaba drenando mi propia vida. La última vez que lo pusimos en un programa de tratamiento, se fue por voluntad propia y desapareció. Tristemente, varios meses después nos dijeron que lo encontraron muerto en un edificio abandonado. Cuando recibí la noticia, tuve la tentación de sentirme culpable y preguntarme si había hecho lo suficiente, pero sabía en lo más profundo de mi corazón que solo él podía tomar las decisiones que necesitaba tomar y que nadie más podía ayudarlo a menos que él hiciera su parte. Si alguien a quien usted ama está tomando malas decisiones y todos sus esfuerzos por ayudarle no le han hecho ningún bien, tenga cuidado de no adoptar un sentimiento exagerado de responsabilidad, pensando que su trabajo es rescatarlo.

Querer ayudar a alguien a quien amamos no significa que seamos codependientes, pero nuestros esfuerzos para ayudar pueden transformarse en codependencia si no tenemos cuidado. Cuando una persona es codependiente, significa que su vida está controlada por los problemas o las malas decisiones de otro. Puede que no sepa qué pasará en cierto día porque depende de lo que haga la persona atribulada que tenga en su vida. Recuerdo muchas veces en las que Dave y yo estábamos en casa y empezábamos a relajarnos tras un día complicado en la oficina, y yo recibía una llamada informándome que mi hermano estaba en la cárcel o teniendo una conducta psicótica, y las personas con las que estaba no sabían qué hacer con él. A menudo teníamos que cancelar nuestros planes por los problemas de mi hermano. Todos deberíamos estar dispuestos a cambiar nuestros planes si alguien verdaderamente necesita nuestra ayuda, pero si la misma persona crea la misma situación una y otra vez, no es bueno.

Mi hermano vivió en nuestra casa por cuatro años mientras intentábamos ayudarlo a encauzar su vida en la dirección correcta, y finalmente me di cuenta de que si estamos intentando ayudar a alguien durante cuatro años y no está mejor después de ese tiempo, entonces es muy probable que no tenga intención de cambiar. Muchas personas dicen que quieren cambiar, pero no están dispuestas a hacer lo que se necesita que hagan. Nadie puede arreglar los problemas de otro si esa persona no está preparada para hacer su parte.

Si usted está en una relación de codependencia, lo más difícil que quizá tenga que hacer sea retirarse o dejar de ayudar. Conocí a una mujer recientemente mientras hacía la compra, y me dijo que había estado en una relación durante más de seis años con un hombre que tenía problemas con el alcohol. Ella no era feliz y sabía que su vida no iba a ninguna parte, y quería que yo le diera un consejo. También le entristecía que no estaban casados porque él no estaba preparado para hacer un compromiso a largo plazo con ella. Tras unos cuantos minutos hablando con ella pude darme cuenta de que ya había recibido buenos consejos de muchas personas, pero ella no estaba dispuesta aún a aceptar ninguno. Le dije lo que otras personas ya le habían dicho, que era que tenía que alejarse de él. Ella dijo: "Sé que debería, pero tengo codependencia de él. No soy feliz con él, ¡pero no sé si podría vivir sin él!". Quería que yo siguiera hablando con ella, pero todas las veces que le decía lo que tenía que hacer, su respuesta era siempre: "Lo sé, pero es demasiado difícil". No había nada que yo pudiera hacer por ella.

Me pregunto cuántos años le permitirá a ese hombre robarle la vida y hacerla infeliz antes de apartarse, si es que alguna vez lo hace. Mi madre odiaba lo que mi padre hacía, su abuso, su alcoholismo y su conducta violenta, y sin embargo nunca lo dejó. Ella lo amaba, pero también lo odiaba. Era adicta a él y a la vida disfuncional que vivía con él. Había aprendido a operar dentro de su disfunción, y se había convertido en algo tan normal para ella que ya no se podía imaginar otra cosa.

Decidir cuándo es el momento oportuno para distanciarse de alguien es una decisión que debe tomar por usted misma, y debería hacerlo después de mucha oración y meditación. Dios nos ha llamado a ayudar a las personas y hacerlo incluso al costo de la abnegación, pero no nos ha llamado a vivir vidas en las que seamos totalmente controladas y manipuladas por las malas decisiones que toman otras personas.

Si su alma está siendo herida por las malas decisiones de alguien a quien ama, sé cómo se siente, y sé que el dolor es muy profundo. Pero si intentar ayudarle no está funcionando, quizá le ayudaría más si dejara de intentarlo. A veces pensamos que estamos ayudando, pero en realidad estamos permitiendo que la otra persona continúe hiriéndonos. Si no le está ayudando, al menos puede ayudarse a usted misma a continuar con su vida. No es poco frecuente que las personas atribuladas nunca estén dispuestas a hacer un cambio mientras tengan a alguien que continúe rescatándolas.

Madres e hijos

He escuchado que una madre nunca es más feliz que su hijo más infeliz, y puedo testificar de la veracidad del dicho. Tengo cuatro hijos, y sé cómo me siento cuando ellos sufren. Si tiene un hijo que es adicto a conductas destructivas, solo Dios puede ayudarle a superar el dolor y la decepción. Las personas que están en ese tipo de situación me dicen que solo Dios las puede ayudar a superarlo. Él puede llegar a lugares en lo más hondo de nuestra alma donde nadie más podría llegar jamás. La animo a confiar plenamente en Él para que la guíe, sane y restaure. Su gracia es suficiente incluso en situaciones que son más dolorosas de lo que podríamos haber imaginado.

Agraciadamente, con Dios nunca nos falta la esperanza, y la esperanza es una gran motivadora que nos hace avanzar por la vida con una expectativa de que algo bueno puede ocurrir.

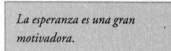

La esperanza es una gran motivadora.

Si tiene un hijo sufriendo o que necesita sanidad y liberación en su vida, y su alma está cansada y herida por lo que ha tenido que soportar, le puedo asegurar que Dios puede llegar a su alma y refrescarla y sanarla. Pase tiempo regularmente con el Señor y pídale que la fortalezca y la sane.

Es muy difícil para una madre ver a sus hijos tomar malas decisiones y no poder llegar a ellos, sabiendo que esas decisiones finalmente les producirán dolor. Dios nos da a cada uno libre albedrío, incluso si las decisiones que tomamos no son las correctas, y a veces la única forma de aprender a hacerlo mejor es experimentando los dolorosos resultados de nuestras malas decisiones. A veces no ayudar es lo más misericordioso que podemos hacer por alguien.

Nunca tire la toalla con las personas a las que ama. Aunque todos sus esfuerzos por llegar a ellos hayan fracasado, recuerde que Dios puede hacer en un momento del tiempo lo que nosotros no podemos en toda una vida. Las oraciones de una madre por sus hijos son muy poderosas, e incluso cuando parece que nada está cambiando, no significa que Dios no esté obrando. Quizá pase

Dios puede hacer en un momento del tiempo lo que nosotros no podemos en toda una vida.

un tiempo, quizá sea un tiempo largo hasta poder ver los resultados, ¡pero para Dios todo es posible!

Sin control y disfrutándolo

Gran parte de nuestro dolor y desgracia están causados por intentar controlar personas y situaciones que no podemos controlar. Por lo general es difícil para la mayoría de los padres admitir que son controladores si lo son, y eso me incluye a mí, pero creo que podemos aprender a no tener el control ¡y disfrutarlo! Podemos disfrutar de la libertad que eso nos da, y también creo que cuando le entregamos por completo una situación a Dios, Él hace mucho más que cuando nosotras intentamos "ayudarlo" a Él a hacer su trabajo. A veces pensamos que estamos ayudando, pero en verdad estamos siendo un estorbo. Pero cuando echamos nuestro afán, preocupación y ansiedad sobre Dios, Él cuida de nosotras (ver 1 Pedro 5:7).

Recientemente pasé por algo que me estaba afectando y robando mi paz, y cuando finalmente afronté el verdadero problema que estaba detrás de lo que me estaba haciendo infeliz, Dios me mostró que yo intentaba controlar lo que la gente estaba haciendo en una situación específica y tenía que dejar de hacerlo. A veces me resulta difícil trazar la línea entre ser responsable y ser controladora, así que sigo aprendiendo de Dios en esta área tan importante de la vida.

Por naturaleza soy una persona responsable, y puedo adoptar fácilmente un falso sentimiento de responsabilidad. Por ejemplo, realmente quiero que todos mis hijos se cuiden para beneficio de su salud, que se sientan bien y vivan una larga vida. Por supuesto, creo que sé cómo deberían hacerlo. A fin de cuentas, "Mamá sabe mejor", ¿verdad? Sigo aprendiendo aún a no hacer comentarios cuando los veo comer cosas que sé que no son buenas para ellos o cuando sé que no están durmiendo lo suficiente. Puede que haga demasiadas preguntas sobre si están siendo diligentes o no con el ejercicio, yendo a sus revisiones médicas, etc.

Cuando puedo ver que se están impacientando conmigo, siempre pienso y a menudo digo: "¡Solo intento ayudarte!". Estoy segura de que le resulta familiar si es mamá. Estoy aprendiendo cada vez más a orar y ver a Dios obrar en vez de ser demasiado franca con mis consejos, pero aún me queda mucho por aprender.

Ceder el control es realmente muy liberador. La única persona a la que Dios quiere que controlemos es a nosotras mismas, y esa debería ser nuestra meta. No nos gusta cuando alguien intenta controlarnos, así que ¿cómo podemos esperar que a otras personas les guste si nosotras se lo hacemos a ellas?

Estoy segura de que ha oído la frase: "Suéltelo y deje que Dios sea Dios", y quizá no quiere volver a oírla, pero es la verdad. Cuando soltamos, Dios comienza a obrar. Nunca deje de orar, y si Dios abre una puerta para que dé una palabra de consejo en el momento oportuno, hágalo, pero no siga intentando hacer que la gente que no quiere escucharle la escuche. Si lo hace, solo conseguirá que le roben su paz y gozo.

Señales de que está ayudando demasiado

¿Cuáles son las señales que alertan de que quizá está ayudando demasiado o dando demasiados consejos? Hay cosas que podemos y deberíamos cuidar en nuestra vida, y estas son unas cuantas:

Señal 1: Quizá está ayudando demasiado si tiene resentimiento hacia lo que está haciendo. Creo que cuando estamos haciendo lo que Dios quiere que hagamos, deberíamos tener paz y no resentimiento.

Señal 2: Si lo que está haciendo está fomentando la irresponsabilidad o la incompetencia, o si está haciendo que la persona a la que ayuda sea demasiado dependiente de usted, es una señal de que está ayudando demasiado.

Señal 3: Si tiene la sensación de que está siendo manipulada, está ayudando demasiado.

Señal 4: Si lo que pretendió que fuera una bendición única se ha convertido en una obligación a largo plazo que ahora es una carga para usted, quizá esté ayudando demasiado.

Señal 5: Si continúa diciendo sí a la persona a la que está ayudando cuando sabe en su corazón que debería decir no, definitivamente está haciendo demasiado.

Señal 6: Si la persona a la que ayuda espera que usted haga cada vez más por ella en vez de estar agradecida por lo que ha hecho, está ayudando demasiado.

Señal 7: Si cancela continuamente sus planes porque la persona a la que ayuda *necesita* que usted la ayude, probablemente está haciendo demasiado por ella.

Revise sus motivaciones

Jesús dio su vida sacrificialmente para ayudarnos, y ser una bendición para otras personas es una de las cosas a las que Él nos ha llamado. Nada nos hace más felices que ayudar y dar a otros cuando lo hacemos de una forma sana y por las razones correctas.

Algunas personas ayudan a otras porque les hace sentir bien consigo mismas. Encuentran su valía haciendo cosas por otros incluso cuando lo que están haciendo sea dañino. Mi madre a menudo hacía cosas por mi hermano que no debería haber hecho. A menudo la oía decir que lo amaba tanto que no podía decir que no. De hecho, si verdaderamente amamos a alguien, diremos no si eso es lo que les ayuda más que decir sí. Mi madre pensaba que estaba ayudando a mi hermano, pero en realidad lo estaba perjudicando.

A menudo lo veía tratando de convencer a mi madre para que no tomara sus medicamentos para el dolor o que le diera una cantidad de dinero que ella no se podía permitir darle. Estos susodichos actos de bondad simplemente estaban alimentando su adicción.

Mi madre tenía una baja autoestima. No se sentía amada y soportaba mucha culpabilidad por haber permitido a mi padre abusar de mí al no hacer nada, y camuflaba sus malos sentimientos haciendo cosas por otros. Ella ayudaba porque la hacía sentirse bien consigo misma, pero en realidad era una cubierta para los problemas que nunca enfrentó.

Una evaluación sincera de nuestras motivaciones puede ser doloroso, pero puede ser una de las cosas más liberadoras que jamás hagamos. Las cosas que hacemos quizá no tengan valor alguno si la razón por la que las hacemos es incorrecta. Intente pedir a Dios que le muestre por qué hace muchas de las cosas que hace, especialmente las que parecen añadir estrés a su vida, y quizá se sorprenda por lo que Él le revele.

No sirve de mucho pedirle a Dios que sane nuestra alma herida si continuamos haciendo cosas que la hieren una y otra vez. Dios es un Dios que sana, y se deleita sanándonos, pero nosotras tenemos que cooperar con Él haciendo todo lo que Él nos muestre que debemos hacer.

CAPÍTULO 21

Las bendiciones de un alma sana

Bendice, alma mía, a Jehová, y bendiga todo mi ser su santo nombre. Bendice, alma mía, a Jehová, y no olvides ninguno de sus beneficios. Él es quien perdona todas tus iniquidades, el que sana todas tus dolencias.

—Salmo 103:1-3, RVR1960

Cuando nos embarcamos en un viaje largo y quizá incómodo, nos ayuda meditar en cuán maravilloso será cuando lleguemos a nuestro destino. Eso es lo que quiero que hagamos en este capítulo.

Cuando Jesús estaba enfrentando el dolor de ser crucificado y morir en la cruz, la Biblia dice que soportó el dolor por el gozo del premio puesto delante de Él (ver Hebreos 12:2). Creo que Él estaba pensando en la resurrección y todos los beneficios que ofrecería a los hijos de Dios. Estaba anticipando regresar a su lugar legítimo a la diestra de su Padre en el cielo, donde estaba antes de venir a pagar por nuestros pecados y ofrecernos una nueva vida en Él y por medio de Él. Mirar el final desde el principio de una jornada dolorosa nos ayuda a no darnos la vuelta cuando sea difícil. Como quizá aún no ha realizado su jornada, puede que no sea consciente de todas las bendiciones que le esperan, así que espero ayudarle a ver lo que obtendrá al cooperar con Dios en su proceso hacia la sanidad de su alma.

¿La está haciendo enfermar su alma herida? Si bien es cierto que no todas las enfermedades son provocadas por las heridas de nuestra alma, algunas de ellas sí. Muchas personas experimentan sanidad física cuando su alma ha sido sanada. Gran parte del dolor y la enfermedad son causados por el estrés que cargamos y que Dios nunca quiso que tuviéramos. Su voluntad es paz y gozo, los cuales fomentan una buena salud, pero el diablo viene solo para matar, robar y destruir (ver Juan 10:10).

El apóstol Juan oró lo siguiente:

> Querido hermano, oro para que te vaya bien en todos tus asuntos y goces de buena salud, así como prosperas espiritualmente. (3 Juan 1:2)

En este versículo podemos ver una conexión entre la sanidad de nuestra alma y nuestro cuerpo. Mientras mejor va nuestra alma, mejor irá nuestro cuerpo.

Durante muchos años me sentía cansada la mayor parte del tiempo, no dormía bien y tenía dolores diarios de cabeza y otros achaques. Puedo testificar que cuanto más era sanada mi alma y llena de paz y gozo, mejor me encontraba de salud. Lo que hay en nuestro interior siempre busca la forma de salir de nosotros, así que si tenemos dolor en nuestra alma, a menudo aparece en nuestro cuerpo, y del mismo modo si tenemos paz en nuestra alma, se abrirá camino por nuestro cuerpo.

Dios nos enseña que un corazón alegre actúa como una buena medicina en nuestra vida (ver Proverbios 17:22). La Escritura que compartí al principio de este capítulo declara esta verdad. Cuando nuestra alma puede bendecir al Señor, experimentamos liberación del pecado y su miseria, y eso también puede incluir la sanidad de la enfermedad.

Dudo que podamos determinar con exactitud los efectos

negativos que el abuso y el estrés mental y físico tienen sobre nuestra salud. Yo ya experimentaba problemas en mi cuerpo cuando tenía dieciocho años, y no es de extrañar teniendo en cuenta las cosas que había experimentado en mi vida por ese entonces. Puedo testificar que mientras más paz tengo, mejor me siento físicamente. El estrés emocional nos drena la energía que necesitamos para vivir cada día.

> *El estrés emocional nos drena la energía que necesitamos para vivir cada día.*

Quizá usted nunca se ha dado cuenta de lo mucho que afecta a su cuerpo la condición de su alma, pero definitivamente están conectados y se afectan en gran manera el uno al otro. Por lo tanto, dos de las cosas que puede anticipar mientras sigue en su jornada de sanidad es una mejor salud y más energía.

Cuando Jesús estaba aquí en la tierra, regularmente sanaba a personas de sus enfermedades, y Él sigue siendo nuestro Sanador hoy. Creo que toda sanidad viene de Dios. Puede obrar mediante la tecnología médica que Él le haya dado a alguien la sabiduría para inventar, o puede mostrarnos un cambio que tengamos que hacer para promover la salud en nuestro cuerpo, o quizá obre milagrosamente y haga lo que nadie más puede hacer.

Una de las peticiones de oración más frecuentes que recibimos en nuestra oficina es por sanidad, y si usted necesita sanidad física, quiero animarle a confiar en que Dios obre en su cuerpo así como en su alma. Mientras espera su propia sanidad, es sabio salir y ayudar a otros que tienen necesidades. A menudo veo que aunque parece que yo no puedo resolver mi propio problema, Dios me da la capacidad para ayudar a otra persona. Al ayudar a otros, estamos sembrando semillas que nos devuelven una cosecha de bendición en nuestra propia vida. Considere estos versículos, y creo que estará de acuerdo:

Dichoso el que piensa en el débil; el Señor lo librará en el día de la desgracia. El Señor lo protegerá y lo mantendrá con vida; lo hará dichoso en la tierra y no lo entregará al capricho de sus adversarios. El Señor lo confortará cuando esté enfermo; lo alentará en el lecho del dolor. (Salmos 41:1-3)

Confianza

La confianza es otro efecto secundario de un alma sanada. Dios quiere que estemos seguras en su amor por nosotras y creamos que podemos hacer lo que tengamos que hacer en la vida mientras sepamos quiénes somos en Él.

Todo lo puedo en Cristo que me fortalece. (Filipenses 4:13)

Nunca me canso de meditar en este versículo. ¡Su promesa es asombrosa! Podemos ser transformadas para pasar de vivir con temor a vivir con una confiada seguridad de que estamos listas para cualquier cosa en la vida.

Nuestra confianza no debería estar en lo que *nosotras* podemos hacer sino en lo que *Jesús* puede hacer a través de nosotras. Saber sin lugar a duda que somos amadas incondicionalmente nos da valor para hacer cosas que de no ser así quizá nos daría miedo hacer. Aprendemos que aun cuando cometemos errores, Dios nos sigue amando y está listo para ayudarnos. Proverbios 24:16 nos dice que un hombre justo cae siete veces y se vuelve a levantar.

Puede que seamos derribadas en la vida, pero si estamos en Cristo y nuestra alma está sana, siempre nos levantaremos otra vez. Si usted ha estado inmersa en su dolor y miseria, quedando al margen mientras ve su vida pasar, es tiempo de que se levante y continúe avanzando.

La confianza le hace creer que *usted puede* en vez de tener miedo a no poder. No importa lo que otros digan de usted, es lo que *usted* cree lo que realmente importa. Henry David Thoreau dijo: "La opinión pública es un débil tirano comparada con nuestra propia opinión privada. Lo que un hombre piense de sí mismo es lo que determina, o más bien, indica su destino".[26]

> *Es lo que usted cree lo que realmente importa.*

Mi padre me dijo que yo nunca llegaría a ser nada, y mientras lo creí, él tenía razón. Pero cuando Dios me mostró que todo lo puedo en Cristo, aprendí que mi padre estaba equivocado en su evaluación de mí. Muchas personas también están equivocadas en su evaluación de usted. No deje que lo que la gente piense de usted o diga de usted determine su destino.

Las personas seguras de sí mismas aprovechan las oportunidades e intentan cosas en vez de suponer con temor que fallarán antes de intentarlo.

A Amanda le gusta Bob, pero teme que ella no le guste a él. Ella ha sufrido con la inseguridad y la falta de confianza, y la historia de su vida ha sido que nunca hace lo que realmente quiere hacer; en vez de eso, se retrae por temor. A Amanda le gustaría acercarse a Bob y hablar con él. Le gustaría hacerle un cumplido acerca de algunas de las habilidades que ha visto en él, pero tiene miedo de que él la rechace. Su temor al rechazo la hace ser fría con él, y él siente que ella no es amigable y que es difícil de conocer. ¿Sabe lo que ocurre? Ella lo ignora, y él la ignora a ella, y sus temores se convierten en su realidad. El ciclo que Amanda ha experimentado en su vida continúa, y ella sigue siendo desgraciada.

No tiene que ser así. ¿Qué podría hacer Amanda para cambiar las cosas? Podría comenzar a creer que Dios la ama, y por ese amor, ella puede ser segura de sí misma. También necesita cambiar lo que se dice a sí misma. Ha pasado su vida descalificándose para muchas cosas, pero puede cambiar eso y calificarse para hacerlas.

La ciencia está descubriendo lo que Dios ha estado diciéndonos todo el tiempo: "Porque cual es su pensamiento en su corazón, tal es él" (ver Proverbios 23:7).

Danu Anthony Stinson, psicóloga de la Universidad de Victoria dijo: "La autoafirmación [considerar los valores personales como algo central para la identidad propia] parece aportar un almacén de memoria para las personas inseguras, permitiéndoles dejar a un lado los temores sociales y las ansiedades y comportarse de formas más cálidas y apetecibles".[27]

Tristemente, muchas mujeres y niñas extraen gran parte de su seguridad en sí mismas de cómo piensan de su aspecto, y deciden que son o no son aceptadas según lo que dice la sociedad. Creo que Dios lo hizo todo hermoso, y como Él nos hizo, todas somos hermosas a nuestra manera. Solo porque no tengamos el aspecto de otra persona no significa que no seamos bonitas. Probablemente usted ha oído que la verdadera belleza viene del interior, y creo que es cierto. Nos enfocamos demasiado en las distintas partes de nuestro cuerpo y no lo suficiente en la persona escondida del corazón de la que Dios habla en su Palabra.

> Que la belleza de ustedes no sea la externa, que consiste en adornos tales como peinados ostentosos, joyas de oro y vestidos lujosos. Que su belleza sea más bien la incorruptible, la que procede de lo íntimo del corazón y consiste en un espíritu suave y apacible. Esta sí que tiene mucho valor delante de Dios. (1 Pedro 3:3-4)

Yo me he cambiado de ropa tres o cuatro veces antes de salir solo para estar segura de que todo estuviera perfecto. Aunque no hay nada de malo en tener un buen aspecto, Dios ha tenido que darme un codazo unas cuantas veces para que recuerde que mi confianza no debe estar en el vestido que lleve puesto ese día.

Un artículo encargado por el Dove Self-Esteem Project reveló que hay una crisis de autoestima entre las muchachas en EE. UU.[28]

- El 62% de las jóvenes se sienten inseguras y no están seguras de sí mismas.
- El 57% de las chicas tienen una madre que critica su aspecto.
- El 71% de las chicas con una baja autoestima sienten que su aspecto no está a la altura, incluyendo no sentirse lo suficientemente guapas, delgadas, estilosas o a la moda.
- La autoestima de una chica está más relacionada con cómo ve la forma de su cuerpo y su peso que con cuánto pesa *en realidad.*
- El 61% de las adolescentes con una baja autoestima hablan mal de sí mismas.
- El 25% de las chicas con baja autoestima dicen que participan en actividades negativas como comer en exceso, autolesionarse, fumar o beber cuando se sienten mal consigo mismas.

Es triste cuando las chicas y las mujeres pasan su vida intentando encontrar confianza en su aspecto, porque al margen de cómo luzcamos, siempre habrá alguien que pueda lucir mejor según los estándares del mundo. Nuestra confianza y belleza se pueden encontrar en conocer a Cristo y llegar a ser como Él.

Su sanidad afecta a su familia y a sus amistades

Así como afectamos a las personas en nuestra vida con nuestras almas heridas, también las afectamos con nuestra sanidad.

Mantener esto en mente le ayuda a proseguir hacia la victoria esos días en los que rendirse es una tentación. Yo no quería que mis heridas lastimaran a las personas que amo, pero sucedía. Estoy muy feliz de decir que mi sanidad ahora está ayudando a otros.

Las relaciones son una parte muy importante de la vida, y todos queremos disfrutar de buenas relaciones. Hacerlo se vuelve muy difícil si vivimos con heridas, moratones y dolor en nuestra vida interior. No queremos lastimar a otros, pero lo hacemos, porque lo que hay en nuestro interior sale al exterior.

Estoy contenta de haber proseguido, no solo por mí sino también por mi familia, mis amigos, y todas las personas con las que me relaciono diariamente. A cada lugar donde vamos, afectamos y tocamos a gente. En casa, en la escuela, en el trabajo, en la iglesia o en nuestro vecindario, causamos una impresión en la gente. Ya sea que sonría o no sonría a una persona, eso deja una marca en ella con respecto a lo que piense de mí. Si estoy desanimada y deprimida por mi dolor y tristeza, es más probable que no sonría o que no sea amigable que si estoy sana y feliz. Un acto tan sencillo como sonreír a otros puede hacerles sentir bien con ellos mismos. Nuestro contacto con otros quizá sea breve, pero en muchos sentidos puede ser duradero. Las personas quizá no recuerden lo que les dijimos, pero

> *Mientras mejor se sienta con usted misma, mejor hará sentir a otros con ellos mismos.*

recuerdan cómo les hicimos sentir. Mientras mejor se sienta con usted misma, mejor hará sentir a otros con ellos mismos.

Hemos visto tres beneficios de tener un alma sanada y saludable, pero hay otros cientos. Le animo a seguir buscando todas las cosas buenas que le esperan. Dios siempre recompensa a los que son diligentes a la hora de buscarle (ver Hebreos 11:6). Samuel

Johnson dijo: "Lo que anhelamos hacer algún día con facilidad, primero debemos hacerlo con diligencia".[29] Hacer cosas de una forma nueva requiere diligencia, pero sé por experiencia propia que lo que puede parecer casi imposible en este momento, un día resultará fácil si no desistimos.

CAPÍTULO 22

El camino fácil

Lo que llega fácilmente no durará, y lo que dura no llegará fácilmente.

—Anónimo

Si vio el título de este capítulo antes de comenzar a leer el libro, quizá acudió directamente a él porque la mayoría queremos un camino fácil. Por eso alguien puede anunciar una pastilla en la televisión diciendo que hará que la grasa corporal desaparezca de su cuerpo tan solo tomándosela tres veces al día, y venden millones de botes. Nuestra carne siempre busca la salida más fácil, pero yo no quiero crear en usted una falsa esperanza, así que le diré abiertamente que si su alma ha sido herida gravemente por el abuso, el rechazo, la pérdida, el abandono, una larga enfermedad o cualquier otra cosa, la jornada hacia la sanidad no será fácil. Pero una vez que haya sanado, puede seguir adelante y disfrutarla durante el resto de su vida.

Jesús nos dijo que hay un camino estrecho en la vida y un camino ancho por los que podemos caminar. Él nos aconseja que tomemos el estrecho, y la descripción de *estrecho* nos dice que es el más difícil de los dos.

Entren por la puerta estrecha. Porque es ancha la puerta
y espacioso el camino que conduce a la destrucción,

y muchos entran por ella. Pero estrecha es la puerta y angosto el camino que conduce a la vida, y son pocos los que la encuentran. (Mateo 7:13-14)

El camino ancho es el que parece más fácil, aunque finalmente nos damos cuenta de que no nos lleva donde queremos ir. Si seguimos en el camino ancho, el cual Jesús dice que lleva a la destrucción, tenemos mucho espacio en él para nuestro bagaje carnal, pero en el camino estrecho no. Sin embargo, el camino estrecho nos lleva a una vida que vale la pena vivir.

¿A qué me refiero con "bagaje carnal"? Me refiero a seguir comportándonos según nuestros deseos carnales y naturales en vez de aprender a seguir el liderazgo y la guía de Jesús. Hacemos lo que queremos en vez de lo que Él nos enseña que hagamos.

Somos seres trinos: somos un espíritu, tenemos un alma y vivimos en un cuerpo. Cuando la Biblia se refiere a "la carne", está hablando del cuerpo y el alma (mente, voluntad y emociones) combinados. La carne es muy distinta al espíritu. Cuando nacemos de nuevo (recibimos a Cristo por fe), Jesús viene a vivir en nosotros y nuestro espíritu se llena de su Espíritu, que busca guiarnos por la vida. Dios quiere que escojamos lo correcto, pero nunca nos obliga a hacerlo.

Pablo rogó a los creyentes a "andar" en el espíritu y no en la carne. El espíritu es santo y bueno, pero la carne está llena de tendencias hacia el mal. Si, por ejemplo, una creyente está andando en (o según) la carne y alguien la ofende, seguirá sus sentimientos y escogerá enojarse y resentirse, guardando rencor y quizá buscando vengarse. Por otro lado, si una creyente está caminando en (o según) el Espíritu, resistirá la tentación de ser susceptible y escogerá rápidamente perdonar. No toma esta decisión necesariamente porque sea lo más fácil, o la que cree que es justa, o le apetece hacer, sino que la escoge porque es la voluntad de Dios. Eso es lo que significa andar en el Espíritu y no en la carne.

Cuando tomamos las decisiones correctas según la voluntad de Dios, estamos andando en el camino estrecho, no en el ancho. Cuando tomamos la decisión de andar con Cristo por el camino estrecho, descubrimos que a menudo el camino se estrecha más según avanzamos, y debemos, por necesidad, seguir soltando varias mochilas del bagaje carnal para mantenernos en ese camino. Cuando la gente habla de otras personas que conocen que tienen mal genio, son terriblemente inseguras, quieren controlar a otros o están gobernados por el temor, a menudo les oigo decir: "¡Tienen mucho equipaje encima!".

El Espíritu Santo nos muestra qué equipaje debemos soltar si queremos seguir en nuestra jornada con Él por el camino estrecho. Una mujer que recientemente asistió a una de mis conferencias dijo: "¡Caramba, Joyce! Dios me atravesó esta mañana, de forma certera". ¿Qué quiso decir? Siguió contándome que estaba haciendo un estudio bíblico con un grupo de mujeres y que su tarea para la semana había sido escuchar una enseñanza en CD del autor del estudio bíblico. Dijo con un rostro sonrojado y una gran emoción: "Dios me mostró de forma muy clara que era el tiempo de que dejara de intentar controlar situaciones y dejara que Él obrara en mi vida".

Cuando ella dijo que Dios le "atravesó", se refería a que Él le había revelado que el bagaje de intentar controlar situaciones y personas tenía que desaparecer para que ella pudiera progresar más por el camino en el que estaba. El tipo de entendimiento al que esta mujer se refería es lo que la Biblia llama revelación. Es algo más profundo que lo que normalmente llamaríamos conocimiento. Nos afecta profundamente y nos deja con la certeza de cuáles deben ser nuestros siguientes pasos.

Un joven me llamó esta mañana, y cuando vi su nombre en mi

teléfono estaba casi segura de saber lo que quería. Me había escrito un correo electrónico doloroso en un momento en el cual sentía mucho dolor por la muerte de su joven esposa debido a un cáncer. Le habíamos ayudado mucho, pero al final él sintió que le habíamos fallado y abandonado. El correo que envió era totalmente distinto a su carácter, y no solo me dolió sino que también me sorprendió. Había estado orando durante unos meses para que él se disculpara, y sinceramente puedo decir que lo quería más por él que por mí. Sabía que él tenía que arrepentirse y que si no lo hacía, tarde o temprano sus acciones se convertirían en un obstáculo para él.

Cuando respondí al teléfono, él enseguida me dijo que sentía mucho el correo que había enviado y que se dio cuenta de que tan solo buscaba a alguien a quien culpar, con la esperanza de que eso aliviara su propio sufrimiento. Hablamos durante un rato, y él me dijo que había sufrido mucho estrés al intentar hacer ciertas cosas y que sentía un bloqueo u obstáculo a la unción de Dios (su poder y presencia), y que mientras oraba preguntándole a Dios qué pasaba, le fue revelado que tenía que arrepentirse por el correo que había enviado y la actitud que tenía cuando lo envió.

Me alegré de recibir la disculpa porque no quería que hubiera ningún conflicto en nuestra relación, pero también estaba emocionada por él porque sabía que había hecho algo que ahora lo liberaría para seguir avanzando.

Cuando verdaderamente queremos oír de Dios, Él nos hablará, pero puede que no siempre sea lo que nosotras queremos oír. Por lo general queremos algo que sea fácil de hacer, pero Dios quiere darnos gracia (facilidad) para hacer cosas muy difíciles. Hacer lo correcto cuando no nos parece que sea lo correcto es el camino hacia el progreso.

> *Hacer lo correcto cuando no nos parece que sea lo correcto es el camino hacia el progreso.*

Recientemente, estaba haciendo ejercicio con mi entrenador y parecía que todo lo que yo hacía ese día era difícil. Todas las pesas parecían pesar más de lo normal, y tan solo quería terminar la rutina de ejercicios. Dije: "Hoy me está costando mucho". Él respondió: "Si es fácil, entonces no estás progresando mucho". Eso no era lo que yo quería oír, pero la idea de que estaba progresando hizo que mi malestar fuera más fácil de soportar.

¿Hay algo realmente gratis?

Cuando oímos la palabra *gratis* nos emocionamos. Debería ver cómo reacciona la gente en nuestras conferencias cuando tomamos una pila de libros y enseñanzas en CD y decimos que vamos a repartirlos gratis a unas cuantas personas. Las que normalmente son bastante reservadas en su forma de presentarse, por lo general pierden todo el decoro y acuden corriendo hacia el frente del auditorio, con la esperanza de ser una de las personas seleccionadas para conseguir algo gratis.

Si ofrecemos un librito gratis en nuestro programa de televisión para toda persona que llame solicitándolo, nuestras llamadas ese día puede que aumenten diez veces más de lo habitual. Nos emocionamos con conseguir algo que pensamos que es gratis, pero nada es realmente gratis. Aunque lo consigamos gratis, a alguien en algún lugar del camino le costó algo antes de llegar a nosotras. La Biblia dice que por gracia *(regalo de Dios)* somos salvas y liberadas de nuestros pecados (ver Efesios 2:8). Nuestra salvación es gratis para nosotras, pero a Jesús le costó su vida.

El camino fácil no es el mejor camino a buscar, porque aunque encontrara alguno, probablemente no terminaría donde usted quería ir. Yo aprecio profundamente la vida que tengo ahora porque fue dolorosa de adquirir. Me requirió esfuerzo, diligencia y disposición a continuar cuando todo dentro de mí quería rendirse. Mi sanidad del abuso y las heridas que resultaron del mismo no fue algo fácil. Tardé mucho más de lo que pensaba que tardaría y fue más difícil de lo que esperaba, pero no tengo palabras precisas para decirle lo maravilloso y agradable que es.

Creo que una persona solo puede apreciar la libertad de la esclavitud cuando ha sufrido mucho para ser libre. Por lo general, cuidamos y apreciamos más las cosas que más nos han costado. La libertad de su alma herida puede que requiera esfuerzo por su parte, pero lo valorará más de lo que se imagina.

No me imagino cómo habría sido mi vida si no hubiera escogido el camino estrecho. Dudo que alguien me hubiera aguantado mucho tiempo, así que probablemente me habría casado más veces que Zsa Zsa Gabor, y ella se casó nueve veces. A cualquier hijo que hubiera tenido no le hubiera gustado mucho, si es que le hubiera gustado algo. No tendría verdaderas amigas y habría vivido una vida solitaria y perdida. A menudo Dave dice que él siente que se ha casado con veinte mujeres distintas, porque cada vez que Dios me cambiaba, él obtenía una mejor versión de mí. En el camino estrecho usted no dejará de mejorar, pero en el camino ancho seguirá siendo como es o incluso empeorará.

Manténgase en el camino estrecho, incluso cuando le parezca difícil. El Espíritu Santo la guiará a un ritmo adecuado para usted, y en el camino podrá apreciar y celebrar cada pequeña victoria que tenga. No cometa el error de mirar solamente lo mucho que le queda aún por recorrer y todo lo que cree que hace mal. Lo único que a Dios le importa es que esté dispuesta a hacer la jornada, y usted está progresando un poquito más cada día.

Arreglos rápidos

Nos encanta cuando las cosas que se rompen se arreglan fácilmente, pero con Dios no hay muchos arreglos rápidos. Por lo general pensamos que Dios se mueve a un paso muy lento, pero Él lo hace así porque le importan más la calidad y profundidad que los arreglos rápidos.

Nuestra oración a menudo es: "Señor, por favor hazme paciente, ¡y hazlo ahora mismo!". La Biblia dice: "Mas tenga la paciencia su obra completa, para que seáis perfectos y cabales, sin que os falte cosa alguna" (Santiago 1:4, RVR1960). Dios tiene una meta final en mente, y está dispuesto a hacer lo que sea necesario y dedicar la cantidad de tiempo que haga falta para que alcancemos su meta.

Un champiñón puede crecer de la noche a la mañana, pero un gran roble o una secoya gigante tarda mucho. La pregunta es: ¿queremos ser un champiñón o un árbol gigante de justicia que nunca deja de dar buen fruto? (ver Jeremías 17:8). Nuestro Señor Jesús pasó treinta años preparando un ministerio de tres años, pero el poder de esos tres años durará para siempre. José se preparó trece años para su función de primer ministro de Egipto, y después Dios lo usó para salvar de la muerte las vidas de muchas personas durante una hambruna.

Los diamantes están entre algunas de las joyas más valoradas de la tierra, y se forman muy lentamente, a altas temperaturas bajo una gran presión por estar enterrados en las profundidades de la tierra. Las geodas son piedras que tienen un exterior muy feo pero son preciosas por dentro porque el revestimiento interior está cubierto de cristales de varios colores.

Podemos usar los ejemplos de los diamantes y las geodas al

pensar en nosotras. Al comenzar nuestra jornada con Dios hacia la sanidad y el bienestar, nuestra conducta quizá no sea muy atractiva, pero por dentro (en nuestro espíritu), donde vive el Espíritu Santo, existe una gran belleza y capacidad para lo bueno. Tardamos tiempo en realizar el proceso de transformación hasta que la obra que Dios ha hecho en nuestro interior se revela en nuestra vida exterior. Y experimentaremos calor y presión en el viaje para romper la cáscara exterior a fin de que salga de nosotras lo que hay dentro. Pero cuando se termina el trabajo, nos asombramos del magnífico cambio que Dios ha hecho en nosotras.

Esta cita de *Otelo*, de William Shakespeare, resume muy bien un punto que estoy queriendo dejar claro aquí:

> ¡Qué pobres son los que no tienen paciencia! ¿Qué herida
> se sanó jamás sino de modo gradual?[30]

Nuestras heridas se sanan gradualmente. Se necesita tiempo y persistencia en hacer lo correcto para cuidar adecuadamente de la herida. Si alguien tiene una herida y va al médico, el médico quizá le recete un medicamento con la instrucción de mantener limpia la herida, aplicar la crema dos veces al día, y mantenerla vendada. Además, quizá la receta incluya un segundo bote de crema si se termina. No esperamos llegar a casa y aplicar la crema una vez y que la herida se cure al instante. Sabemos que será un proceso y que tendremos que ser diligentes.

El principio es el mismo con las heridas emocionales que con las físicas. Debemos ser pacientes y seguir haciendo lo que Dios nos indique hacer, y gradualmente nuestras heridas sanarán. La práctica de la paciencia puede resultar amarga, pero su fruto es dulce.

Escoja su dolor

La mayoría preferiríamos que la vida no tuviera dolor, pero cuando se trata de tomar la decisión de dejar que Dios sane nuestras heridas o de seguir como estamos, tenemos que escoger nuestro dolor. ¿Quiere el dolor temporal de progresar o el dolor eterno de seguir igual?

> *¿Quiere el dolor temporal de progresar o el dolor eterno de seguir igual?*

Entiendo que el dolor de cualquier tipo es mucho más fácil de soportar si sé que me está llevando a algo bueno. Por ejemplo, tomé la decisión de soltar la ira y perdonar a los que me habían lastimado, porque sabía que la bendición sería tener paz y estar en la voluntad de Dios. A veces suelto cosas que me gustaría quedarme para mí, porque sé que dar produce gozo y aporta una gran cosecha en mi vida. Si dedica tiempo a pensar en ello, todas tomamos muchas decisiones al día que nos exigen ceder algo que quizá queremos para tener otra cosa que queremos aún más.

Estoy segura de que usted frecuentemente toma decisiones que no son fáciles ni cómodas en ese momento porque conoce el gozo que hay al otro lado de la decisión. Tomar la decisión de dejar que Dios abra todas las heridas de su alma y las sane para que pueda disfrutar de la vida que Jesús quiso darle con su muerte puede que no sea fácil, pero vivir con las heridas es mucho más difícil.

Vi una película que trataba sobre una mujer que había sido engañada por un hombre al que ella amaba, y cada vez que lo veía o incluso oía su nombre, ella sentía amargura y enojo. Él le pidió perdón, pero ella sentía que no podía hacerlo. Un pastor estaba hablando con ella sobre la situación, y dijo: "Si tiene un diente que le duele mucho y su única opción es sacarlo, no tiene sentido no hacerlo por miedo al dolor que le supondrá".

Esta película estaba ambientada en los años 1800, antes de que los dentistas tuvieran anestesias, así que me imaginaba que sacarse un diente sería algo bastante doloroso. Sin embargo, el pastor le recordó que aunque sacarse el diente le iba a doler por un tiempo breve, mantener el diente significaría que el dolor nunca terminaría. Dijo: "Si usted perdona al hombre que la hirió, será como sacar un diente que le causa dolor; lo hace y lo supera para que deje de dolerle".

El camino estrecho no está libre de dolor, pero en ese camino siempre tiene a Jesús con usted. Fue el camino por el que Él escogió andar, y el que Él nos insta a escoger. Hay una gran victoria esperándole, y cada paso que da en la dirección correcta la acerca un poco más a ella. Le pido que abra cada habitación de su corazón a Dios y confíe en que Él la llenará de luz, amor y gozo.

CAPÍTULO 23

El gran intercambio

El Espíritu del Señor omnipotente está sobre mí,
por cuanto me ha ungido
para anunciar buenas nuevas a los pobres.
Me ha enviado a sanar los corazones heridos,
a proclamar liberación a los cautivos
y libertad a los prisioneros,
a pregonar el año del favor del Señor
y el día de la venganza de nuestro Dios,
a consolar a todos los que están de duelo,
y a confortar a los dolientes de Sión.
Me ha enviado a darles una corona
en vez de cenizas,
aceite de alegría en vez de luto,
traje de fiesta en vez de espíritu de desaliento.
Serán llamados robles de justicia,
plantío del Señor, para mostrar su gloria.

—Isaías 61:1-3

¿Qué ocurriría si supiera que hay una tienda en su ciudad donde puede llevar cualquier cosa gastada, inservible, estropeada, vieja o que ya no funciona y cambiarla por una nueva sin costo alguno? Si esta tienda existiera, dudo que usted tardaría mucho en empezar a intercambiar muchas cosas, al menos yo no tardaría. El único requisito en esta tienda es que debe entregar el artículo viejo antes de poder retirar el nuevo.

Jesús nos invita a vivir una vida de intercambio. Cualquier día dado, podemos intercambiar una mala actitud por una buena, nuestros pecados por perdón, nuestros fallos por misericordia, la desesperanza por esperanza, y miles de más cosas buenas. Pero no recibimos lo nuevo hasta que no entreguemos lo viejo.

Si estamos dispuestas a entregarnos a Jesús, con todo lo que somos y tenemos, Él nos dará todo lo que tiene y es (ver Juan 16:15). Lo que Él ofrece es inmensurablemente mejor que lo que nosotras entregamos. Tan solo piense en ello: todo lo que el Padre tiene es nuestro, y todo lo único que tenemos que hacer es abandonar nuestras viejas ideas y caminos para experimentarlo en cada área de nuestra vida.

¿Por qué somos tan reticentes a soltar lo viejo? Creo que es porque las cosas viejas no tienen misterio alguno, quizá no nos gusten pero al menos no nos sorprenden. La idea de alejarnos de lo que tenemos y no saber hacia dónde vamos nos asusta, y por eso muchas personas se niegan a hacerlo. Viven una vida inferior, dolorosa, improductiva y que no les gusta, cuando podrían intercambiarla por una nueva.

La tienda de intercambio de Dios está siempre abierta, y Él siempre está disponible para encontrarse con usted. Lo triste es que la mayoría de las personas ni siquiera saben que existe, y si lo saben, les cuesta creer que lo que afirma es cierto.

Corona en vez de cenizas

Un hombre al que conocí recientemente dijo: "Joyce, abusaron de mí en mi infancia como le pasó a usted. En ese momento dejé de vivir y comencé a sobrevivir, y eso es lo único que hice hasta que la oí a usted decir que Dios quería darme corona en vez de cenizas. Después de eso mi vida cambió, y nunca volveré a ser el mismo".

Este hombre era cristiano desde hacía mucho tiempo, e iba a la iglesia con su dolor y después se lo llevaba a casa con él. No había oído hablar del gran intercambio.

Isaías 61:1-3 fue, sin lugar a dudas, un pasaje transformador para mí, así como para el hombre que conocí, y oro para que también lo sea para usted. Dios quiere darle un alma bella y una vida preciosa, y se llevará las cenizas de su pasado y hará algo hermoso y nuevo con ellas. Dios puede hacer que cualquier cosa ayude a nuestro bien si se lo permitimos (ver Romanos 8:28). El primer paso es creer en Jesús, y creer también que cada una de sus promesas son para usted… que pueden convertirse en realidad en su vida si da los pasos de fe que Él le dirija a dar.

Quizá su identidad se ha convertido en *fui herida en mi pasado*, pero puede ser *soy una nueva criatura en Cristo*. La promesa de recibir corona en vez de cenizas nos da esperanza, y nos motiva a avanzar en vez de quedarnos estacionadas en el punto de nuestro dolor, y meramente sobrevivir cuando podríamos vivir verdaderamente y disfrutar la vida.

Lo único que debemos hacer es entregar nuestras cenizas, y eso significa dejar de pensar y hablar del pasado a no ser que realmente tengamos que hacerlo por alguna razón. También significa que creemos que, con la ayuda de Dios, nuestro pasado se puede convertir en un recuerdo lejano. Cuando pienso o hablo ahora sobre mi infancia, a menudo parece que estoy pensando o hablando de una persona a la que hace mucho, mucho tiempo conocí.

Jesús ha abierto las puertas de la prisión, y lo único que tenemos que hacer es salir y empezar una

> *Jesús ha abierto las puertas de la prisión, y lo único que tenemos que hacer es salir y empezar una nueva vida con Él.*

nueva vida con Él. Él vino para liberarnos y para ayudar a los afligidos y quebrantados. Él no solo abre las puertas de la prisión, según Isaías, sino que abre también nuestros ojos. Incluso si las puertas de la prisión en la que vivimos han sido abiertas, no saldremos a menos que veamos que están abiertas, y la Palabra de Dios nos muestra que lo están. Me entristece mucho cuando pienso en cuántos creyentes en Cristo viven con almas heridas porque nadie les ha dicho que Jesús ha abierto las puertas de la prisión y que pueden ser libres.

Jesús quiere consolar a quienes están de duelo, a los que están tristes y desconsolados. Él vino para anunciar las buenas nuevas de que ahora es el tiempo del favor de Dios. Quizá usted siempre se ha sentido como la última en todo en la vida. Quizá usted era la que nunca escogían para formar los equipos o la que nunca recibió un premio cuando los repartían. Tal vez se haya sentido la última en su vida, pero hoy es un nuevo día, ¡el día del favor de Dios!

Cuando Dios nos da favor significa que Él abre puertas de oportunidad para nosotras que solo Él puede abrir y nos hace ser cabeza y no cola, estar encima y no debajo tal como Él prometió (ver Deuteronomio 28:13). ¿Se imagina el gozo de vivir con el favor de Dios? Quizá pensemos que tener el favor de nuestro supervisor en el trabajo sería maravilloso, pero eso palidece si lo comparamos con tener el favor de Dios. El único ascenso verdadero viene de Dios, y Él puede situarla en lugares y darle posiciones de honor que la sorprenderán.

Alegría en vez de luto

Las personas que han sido muy lastimadas a menudo viven con un espíritu dolorido o enlutado. Tienen una tristeza en torno a ellas que es difícil de explicar. Quizá han vivido con ello durante tanto tiempo que ni siquiera reconocen lo que es. Yo siempre sentía que estaba cargada de alguna manera o que un tipo de pesadez existía en mi alma hasta que descubrí que podía cambiar ese sentimiento por gozo y alabanza.

Hacer el intercambio comienza con la decisión de creer que todo es posible para Dios, y al mantenernos firmes y pacientes, los malos sentimientos dejarán paso a otros alegres. El gozo sustituye al espíritu pesado, cargado y endeble que hemos padecido.

No tiene que quedarse con algo que no funciona, sino que puede cambiarlo. Si nuestro teléfono celular no funciona, no tardamos mucho en ir a la tienda y cambiarlo o arreglarlo, pero extrañamente, seguimos soportando una vida que no funciona. Sin embargo, eso ya no tiene por qué ser así, porque ahora usted sabe que Jesús está esperando para cambiarla. Yo compré recientemente un par de zapatos, y sonaban cuando caminaba. Estaba en la tienda donde los compré y le dije al vendedor que me atendía lo que sucedía con los zapatos, y me dijo: "Tráigalos y se los cambiamos, sin hacer más preguntas".

> *No tiene que quedarse con algo que no funciona.*

Yo compro mucho en esa tienda en particular, y una de las principales razones es debido a su política de cambios. Tengo confianza en que si compro algo que no me funciona, puedo devolverlo y ellos me lo cambian. Si tener una tienda así nos gusta, ¿no deberíamos emocionarnos de saber que Dios tiene una tienda así también?

La justicia de Dios por la nuestra

Nunca seremos capaces de hacer suficientes cosas bien por nosotras mismas con el fin de agradar a Dios. Isaías dijo que nuestra justicia es como trapos de inmundicia o como un vestido contaminado (ver Isaías 64:6). Dios es perfecto, y para que nuestra justicia sea aceptable ante Dios, como una ofrenda por nuestros pecados, tendría que ser perfecta; eso no es posible para seres humanos con defectos y débiles como nosotros. Pero no se desespere, porque podemos intercambiar nuestra justicia imperfeta por la justicia perfecta de Dios debido a lo que Jesús ha hecho por nosotros.

> Al que no cometió pecado alguno, por nosotros Dios lo trató como pecador, para que en él recibiéramos la justicia de Dios. (2 Corintios 5:21)

Si leyó deprisa este versículo, como solemos hacer cuando leemos libros, le pido que regrese y lo lea despacio y piense en la belleza de lo que dice. ¡Qué intercambio tan glorioso! Se convierte en algo nuestro al creerlo.

La mayor parte de mi vida tuve la sensación de que algo andaba mal en mí, aunque nunca supe a ciencia cierta lo que era. Tenía una grabación que se reproducía interminablemente en mi cabeza que decía: *¿Qué pasa conmigo? ¿Qué pasa conmigo?* Empezó en mi infancia cuando fui abusada y sentía que ciertamente algo debía estar mal en mí para que mi padre quisiera hacerme todas las cosas horribles que me hacía. Sentía que sin duda era algo que no les ocurría a otras niñas, aunque hace mucho supe lo horriblemente común que es. Mientras más continuaba el abuso, más profundamente mal me sentía conmigo misma.

Imagínese mi gozo cuando supe que Dios, por su bondad, me veía como alguien justo. Tardé mucho tiempo hasta que todos los sentimientos de sentirme mal desaparecieron del todo, pero poco

a poco fue sucediendo, y es maravilloso vivir sin culpa y sin vergüenza, y saber y creer que Dios me aprueba. Lo mismo está disponible para cualquiera que lo necesite y esté dispuesto a creerle
a Dios y soltar lo viejo. Me ayudó mucho meditar y confesar este
versículo, y otros parecidos, sobre estar bien con Dios. Me ayudó
a renovar mi mente en cuanto a la verdad de Dios en vez de creer
las mentiras que Satanás me había hecho creer la mayor parte de
mi vida. Gradualmente, la vieja grabación en mi mente fue reem-
plazada por otra nueva.

Bajo la ley del antiguo pacto en el que vivieron los israelitas,
para que el pecado fuera perdonado, el pecador ofrecía un sacrificio de animal en el altar de Dios, y él o el sacerdote imponía
sus manos sobre la cabeza del animal y confesaba su pecado y su
culpa. Creían que el pecado pasaba al animal, al cual matarían
después en lugar del pecador que merecía la muerte.

Jesús es llamado "el Cordero de Dios que quita el pecado del
mundo" (Juan 1:29). Cuando Juan hizo ese anuncio, los judíos
sabían lo que significaba porque a menudo usaban un cordero
para sus sacrificios. Jesús nos ofrece el gran intercambio: Él toma
nuestro pecado y nosotros recibimos su perdón. Bajo el antiguo
pacto el pecado era cubierto, pero Jesús elimina nuestro pecado y
lo lleva tan lejos como el este está del oeste.

> Tan lejos de nosotros echó nuestras transgresiones como
> lejos del oriente está el occidente. (Salmos 103:2)
>
> Yo les perdonaré sus iniquidades, y nunca más me
> acordaré de sus pecados. (Hebreos 8:12)
>
> Y nunca más me acordaré de sus pecados y maldades.
> Y, cuando estos han sido perdonados, ya no hace falta
> otro sacrificio por el pecado. (Hebreos 10:17-18)

El pecado ya no solo se cubre, siempre recordándole vagamente lo que ha hecho y dejándole con un sentimiento de culpa; ¡ahora es quitado por completo! Deje que Jesús tome su pecado y su culpa y los cambie por su perdón y justicia ante Dios.

Misericordia en vez de errores

Podemos cambiar nuestros errores por la misericordia de Dios. Pablo enseñó que deberíamos acudir con confianza ante el trono de la gracia de Dios y recibir misericordia por nuestros errores (ver Hebreos 4:16). La misericordia es cuando Dios nos da lo que no merecemos. Él nos ayuda, responde a nuestras oraciones, provee para nosotras y nos ama incondicionalmente, y no nos merecemos nada de eso. Pero, por su gran misericordia, es nuestro como un regalo de parte de Él.

La lista de cosas que podemos intercambiar es demasiado larga como para poder compartirlas todas en este libro, pero hay otro libro que las contiene todas, y es la Biblia. Quiero animarla a leerla y estudiarla para que pueda descubrir todo lo que Dios tiene para usted, no como una obligación religiosa o porque sienta que es su tarea como cristiana. La Biblia es simplemente el mejor libro sobre la faz de la tierra, y está lleno de promesas que son asombrosas ¡y son todas suyas en Cristo!

EPÍLOGO

Es mi oración que este libro ayude a millones de mujeres a recuperarse de las heridas de su alma y a vivir una vida de sanidad y bienestar. Si no ha recibido a Jesús como su Salvador y Señor, le ruego que haga la oración que está al final de este libro y comience ahora mismo con su nueva vida. Sepa que nunca se acabarán las veces en las que podrá visitar la tienda de intercambio. Acuda varias veces al día si lo necesita. Nunca olvide que es usted preciosa y muy amada, y que Jesús no solo ha ido delante de nosotros al cielo para prepararnos un lugar en el que vivamos con Él para siempre, sino que también lo ha arreglado todo para que vivamos una vida plena y abundante durante nuestra jornada en la tierra. No faltarán los desafíos y las dificultades en el camino, pero con Él viviendo en nuestro interior podemos vivir en victoria. Es usted más que vencedora por medio de Cristo, ¡quien la ama!

APÉNDICE I

Derecho al voto

Cuándo recibieron las mujeres la capacidad de votar en el mundo

1893 Nueva Zelanda

1902 Australia[1]

1906 Finlandia

1913 Noruega

1915 Dinamarca

1917 Canadá[2]

1918 Austria, Alemania, Polonia, Rusia

1919 Holanda

1920 Estados Unidos

1921 Suecia

1928 Gran Bretaña, Irlanda

1931 España

1934 Turquía

1944 Francia

1945 Italia

1947 Argentina, Japón, México, Pakistán

1949 China

1950 India

1954 Colombia

1957 Malasia, Zimbabue

1962 Argelia

1963 Irán, Marruecos

1964 Libia

1967 Ecuador

1971 Suiza

1972 Bangladés

1976 Portugal

1989 Namibia

1994 Sudáfrica

2005 Kuwait

2006 Emiratos Árabes Unidos

2011 Arabia Saudí[3]

1. Las mujeres australianas, a excepción de las mujeres aborígenes, obtuvieron el voto en 1902. Los aborígenes, hombres y mujeres, no obtuvieron el derecho a votar hasta 1962.

2. La mujeres canadienses, a excepción de las mujeres indias canadienses, obtuvieron el voto en 1917. Los indios canadienses, hombres y mujeres, no obtuvieron el derecho a voto hasta 1960. Fuente: *New York Times*, 22 de mayo de 2005.

3. El rey Abdulá firmó un decreto en 2011 ordenando que las mujeres pudieran presentarse a candidatas y votar en elecciones municipales, pero su primera oportunidad no llegó hasta diciembre de 2015, casi un año después de la muerte del rey en enero de 2015.

Fuente: http://www.infoplease.com/ipa/A0931343.html.

Desigualdad salarial

En los Estados Unidos, el sueldo medio anual para una mujer que tiene un trabajo a jornada completa es de 40 742 dólares, mientras que el sueldo medio anual para un hombre que tiene un trabajo a jornada completa es de 51 212 dólares. Esto significa que, en general, las mujeres en los

Estados Unidos reciben 80 centavos por cada dólar que se les paga a los hombres, sumando una brecha salarial anual de género de 10 470 dólares.

Fuente: US Census Bureau. (2016). *Current Population Survey, Annual Social and Economic (ASEC) Suplemento: Table PINC-05: Work Experience in 2015—People 15 Years Old and Over by Total Money Earnings in 2015, Age, Race, Hispanic Origin, Sex, and Disability Status*. Bajado en línea el 12 de octubre de 2016, http://www.census.gov/data/tables/time-series/demo/income-poverty/cps-pinc/pinc-05.html (cálculo sin publicar basado en el salario medio anual de todas las mujeres y hombres que trabajaron a jornada completa un año completo en 2015).

En enero de 2017, las mujeres actualmente ocupan 27 (5,4%) de las posiciones de CEO en esas empresas S&P 500.

Fuente: http://www.catalyst.org/knowledge/women-ceos-sp-500.

Porcentaje de brecha salarial en el mundo (el porcentaje es cuánto más reciben los hombres que las mujeres en el mundo):

Rango	País	% Brecha salarial
1	Corea	37,5
2	Rusia	32,1
3	Estonia	27,9
4	Japón	27,4
5	Chipre	25,1
6	India	24,81
7	Ucrania	22,2
8	Alemania	20.8
9	Israel	20,7
10	Austria	19,2

11	Canadá	19,2
12	Finlandia	18,9
13	Suiza	18,5
14	Reino Unido	18,2
15	República Checa	18,1
16	Estados Unidos	17,8
17	China	17,5
18	Luxemburgo	17,3
19	Holanda	16,7
20	Letonia	16,5

Fuente: http://www.movehub.com/blog/global-gender-pay
-gap-map.

Derechos de propiedad

Mississippi permitió a las mujeres tener propiedades a su nombre en 1839. Fue el primer estado en hacerlo. En 1844, las mujeres casadas en Maine se convirtieron en las primeras en los Estados Unidos en ganar el derecho a la "economía separada" (si una mujer tenía un trabajo y ganaba dinero, podía controlar totalmente la apropiación de esos fondos y no tenía que obtener primero el permiso, legalmente, de su esposo).

Fuente: http://en.wikipedia.org/wiki/Timeline_of_women's
_legal_rights_(oter_than_voting).

Educación

Una muchacha con una año extra de educación puede ganar un 20% más cuando es adulta.

Fuente: abcnews.go.com (2013)

educa...do, hay todavía 31 millones de niñas en edad de que 17 m...aria fuera de la escuela. De estas, se espera nes menos de ...nca entren en la escuela. Hay 4 millones menos de ...nca entren en la escuela. Tres países tienen más ...ue de niñas fuera de la escuela. Tres escuela: en Nigeria, hay ...illón de niñas que no están en la escuela: en Nigeria, hay ...5 millones; en Pakistán, más de 3 millones; y en Etiopía, m...., un millón de niñas están fuera de la escuela (en 2013).

Fuente: United Nations Educational, Scientific and Cultural Organization, http://en.unescolorg/gem-report/sites/gem-report/files/girls-factsheet-en.pdf.

Las mujeres con educación académica es menos probable que mueran al nacer: Si todas las madres terminaran la educación primaria, las muertes maternas se reducirían en dos tercios, salvando 98 000 vidas. En el África subsahariana, si todas las mujeres terminaran la educación primaria, las muertes maternas se reducirían en un 70%, salvando casi 50 000 vidas.

Fuente: United Nations Educational, Scientific and Cultural Organization, http://en.unescolorg/gem-report/sites/gem-report/files/girls-factsheet-en.pdf (note: etiquetas múltiples).

Generocidio

Tras nacer, las bebés por lo general mueren más por no ser bien atendidas que por asesinarlas de forma activa, pero las familias siguen ahogando, asfixiando, estrangulando y abandonando a las bebés. Actualmente, perdemos unos dos millones de niñas al año por generocidio.

Fuente: Valarie M. Hudson y Andrea M. ..., *Bare Branches: The Security Implications of ...*, pp. 112-113, 157. Ver también Mara Hvistend... *nnatural Selection: Choosing Boys over Girls, and ...consequences of a World Full of Men* (New York: Pub... ...ffairs, 2011).

¿Dónde se produce el g...rocidio?

- Asia oriental: Ch...a, Vietnam, Singapur y Taiwán
- Asia del sur: India, Bangladés, Nepal, Pakistán y Afganistán.
- Asia occidental: Turquía, Siria, Irán, Azerbayán, Armenia y Georgia.
- Europa del este: Albania, Rumanía, Montenegro, Kósovo y Macedonia.
- Norte de África: Egipto, Túnez y Argelia
- África subsahariana: la mayoría de los países
- Comunidades asiático-americanas dentro de los Estados Unidos y Canadá

Fuente: Klasen y Wink, *Missing Women: A Review of the Debates and an Analysis of Recent Trends*, 2002, disponible en SSRN: https://ssrn.com/abstract=321861, p. 19. Para información con respecto a los Estados Unidos, ver Douglas Almond y Lena Edlund, "Son-Biased Sex Ration in the 2000 United States Census", *Proceedings of the National Academy of Science* 105, no. 15 (15 abril, 2008): 5681–5682.

Mutilación genital femenina

La mutilación genital femenina (MGF) incluye procedimientos que de manera intencional alteran o provocan daño a los órganos genitales femeninos por razones no médicas. La operación no tiene beneficios para la salud para las niñas y las mujeres. Las operaciones pueden causar un sangrado abundante y problemas para orinar, y después quistes, infecciones, y también complicaciones en el parto y aumento del riesgo de muertes neonatales. Más de 200 millones de las niñas y mujeres que viven en la actualidad han sido mutiladas en treinta países de África, el Medio Oriente y Asia, donde se concentra la MGF. La MGF se lleva a cabo principalmente en chicas jóvenes entre la infancia y los quince años. La MGF es una violación de los derechos humanos de las niñas y las mujeres.

Fuente: J. Simister, "Domestic Violence and Female Genital Mutilation in Kenya: Effects of Ethnicity and Education", *Journal of Family Violence* 25, no. 3 (2010): 247-257.

Entre 100-400 millones de niñas y mujeres en todo el mundo están viviendo con las consecuencias de la MGF, aproximadamente 3,3 millones de niñas están en riesgo de MGF cada año, y en los veintiocho países para los que existen datos (veintisiete en África más Yemen), más de 101 millones de niñas de diez años en adelante viven con los efectos de la MGF (3).

Fuente: P. S. Yoder, S. Wang, y R. E. B. Johansen, "Female Genital Mutilation/cutting in African Countries: Estimates of Numbers from National Surveys", informe no publicado.

Las consecuencias para la salud a corto y largo plazo de la mutilación genital femenina:

- Intenso dolor
- Shock
- Hemorragia (sangrado excesivo)
- Sepsis

- Dificultad para el paso de la orina
- Infecciones
- Muerte
- Consecuencias psicológicas
- Fusión de labios vaginales no intencionada
- Necesidad de cirugía
- Problemas menstruales y de micción
- Relación sexual dolorosa y mala calidad de la vida sexual
- Infertilidad
- Dolor crónico
- Infecciones (por ej., quistes, abscesos y úlceras genitales, infecciones pélvicas crónicas, infecciones del tracto urinario).

Fuente: WHO Study Group sobre la Mutilación Genital Femenina y el resultado obstétrico, "Female Genital Mutilation and Obstetric Outcome: WHO Collaborative Prospective Study in Six African Countries", *Lancet* 367, no. 9525 (2006):-1835–1841; R. Berg, E. Denison, y A. Fretheim, *Psychological, Social, and Sexual Consequences of Female Genital Mutilation/Cutting (FGM/C): A Systematic Review of Quantitative Studies* (Oslo: Nasjonalt Kunnskapssenter for Helsetjenesten, 2010).

Violencia y abuso contra las mujeres

Las mujeres que han sufrido abuso físico o sexual a manos de sus parejas tienen más del doble de probabilidades de sufrir abortos, casi el doble de probabilidades de sufrir depresión, y en algunas regiones 1,5 más probabilidades de adquirir VIH comparadas con las mujeres que no han experimentado violencia de manos de su pareja.

Fuente: Organización Mundial de la Salud, Department of Reproductive Health and Research, London School of Hygiene and Tropical Medicine, South African Medical Research Council, *Global and Regional Estimates of Violence against Women: Prevalence and Health Effects of Intimate Partner Violence and Non-Partner Sexual Violence*, 2013, p. 2. Para información del país, ver United Nations Department of Economic and Social Affairs, The World's Women 2015, Trends and Statistics, capítulo 6, "Violence against Women", 2015.

Una de cada cinco mujeres en los campus de los Estados Unidos han experimentado abuso sexual.

Fuente: https://www.ncjrs.gov/pdffiles1/nij/grants/221153.pdf.

La mayoría de los estudios concluyen que las niñas y las mujeres tienen un riesgo sustancialmente más alto de ser abusadas sexualmente que los hombres.

Fuente: Aphrodite Matsakis, *When the Bough Breaks* (Oakland, CA: New Harbinger Publications, 1991).

Un estudio de todos los prisioneros estatales que cumplen condena por delitos de violencia en 1991 reveló que de todos los convictos por violación o abuso sexual, dos terceras partes fueron contra niños y tres de cada cuatro de sus víctimas eran chicas jóvenes.

Fuente: Lawrence Greenfeld, *Child Victimizers: Violent Offenders and Their Victims: Executive Summary* (Washington, DC: Bureau of Justice Statistics and the Office of Juvenile Justice and Delinquency Prevention, US Department of Justice, 1996).

Incesto

Los estudios indican que el 46% de los niños que son viola-
dos son víctimas de sus familiares.

Fuente: Patrick Langan y Caroline Harlow, *Child Rape Victims*, 1992 (Washington, DC: Bureau of Justice Statistics, US
Department of Justice, 1994).

Uno de los investigadores principales de la nación sobre
abuso sexual infantil, David Finkelhor, calcula que un
millón de estadounidenses son víctimas de incesto padre-
hija, y surgen 16 000 nuevos casos cada año.

Fuente: David Finkelhor, *The Dark Side of Families: Current
Family Violence Research* (Newbury Park, CA: Sage Publications, 1983).

- El incesto puede tener graves efectos a largo plazo
  sobre sus víctimas. Un estudio concluyó que entre
  los supervivientes de incesto que fueron víctimas a
  manos de sus padres, el 60% de las mujeres tenían
  trastornos alimenticios.

Fuente: National Center for Victims of Crime and Crime
Victims Research and Treatment Center, *Rape in America: A
Report to the Nation* (Arlington, VA: National Center for Vic-
tims of Crime and Crime Victims Research and Treatment
Center, 1992); Heidi Vanderbilt, Heidi, "Incest: A Chilling
Report", Lears (Febrero de 1992): pp. 49–77.

Tráfico de personas

Ludwig "Tarzan" Fainberg, un traficante convicto, dijo: "Se puede comprar una mujer por diez mil dólares y recuperar el dinero en una semana si es guapa y joven. Después, todo lo demás son beneficios".

Fuente: E. Benjamin Skinner, *A Crime So Monstrous: Face-to-Face with Modern-Day Slavery* (New York: Free Press, 2008).

Un traficante de seres humanos puede ganar veinte veces lo que pagó por una niña. Dado que la niña no fuera maltratada físicamente hasta el punto de estropear su belleza, el proxeneta podría volver a venderla por más precio por haberla entrenado y por haber domesticado su espíritu, lo cual les ahorra a futuros compradores el problema. Un estudio de 2003 en Holanda reveló que, como promedio, una esclava sexual ganaba para su proxeneta al menos 250 000 dólares al año.

Fuente: E. Benjamin Skinner, *A Crime So Monstrous: Face-to-Face with Modern-Day Slavery* (New York: Free Press, 2008).

Según el Departamento de Estado de los Estados Unidos, entre 600 000 y 800 000 personas son víctimas del tráfico de seres humanos que cruzan fronteras internacionales cada año, de las cuales el 80% son mujeres y la mitad niñas.

Fuente: https://www.dosomething.org/us/facts/11-facts-about-human-trafficking.

La línea directa nacional para el tráfico humano recibe más llamadas desde Texas que desde ningún otro estado de los Estados Unidos. El 15% de esas llamadas son de la zona de Dallas-Forth Worth.

Fuente: https://www.dosomething.org/us/facts/11-facts-about
-human-trafficking.

El tráfico de seres humanos es la tercera industria delictiva
internacional más grande (detrás del tráfico de droga ilegal
y del tráfico de armas). Se dice que genera unos beneficios
de 32 000 millones al año. De esa cifra, 15 500 millones se
ganan en países industrializados.

Fuente: https://www.dosomething.org/us/facts/11-facts-about
-human-trafficking.

Los estudios destacan que el tráfico sexual juega un papel
principal en la difusión del VIH.

Fuente: Anthony M. Destefano, *The War on Human Trafficking* (Piscataway, NJ: Rutgers University Press, 2007).

Más del 71% de niñas y niños víctimas de tráfico muestran
tendencias suicidas.

Fuente: E. Benjamin Skinner, *A Crime So Monstrous: Face-to-
Face with Modern-Day Slavery* (New York: Free Press, 2008).

Según el FBI, una organización grande de tráfico humano
en California en 2008 no solo amenazó físicamente y gol-
peó a niñas de tan solo doce años para que trabajasen como
prostitutas, sino que regularmente las amenazaban con
brujería.

Fuente: FBI, "International Human Trafficking", 13 de
noviembre de 2009. https://www.fbi.gov/audio-repository/
news-podcasts-inside-international-human-trafficking
.mp3/view.

APÉNDICE II:
QUIÉN ES USTED EN JESUCRISTO

He recibido el espíritu de sabiduría y revelación en el conocimiento de Jesús, los ojos de mi entendimiento son iluminados (Efesios 1:17-18).

He recibido el poder del Espíritu Santo para imponer manos sobre los enfermos y sean sanados, para echar fuera demonios, para hablar nuevas lenguas. Tengo poder sobre todas las fuerzas del enemigo, y nada podrá jamás hacerme daño (Marcos 16:17-18; Lucas 10:17-19).

Me he despojado del viejo hombre y me he revestido del nuevo, que está renovado en el conocimiento según la imagen de Aquel que me creó (Colosenses 3:9-10).

He dado, y se me dará; una medida llena, apretada, sacudida y desbordante me será puesta en mi regazo (Lucas 6:38).

No me falta nada porque Dios suple todas mis necesidades conforme a sus riquezas en gloria en Cristo Jesús (Filipenses 4:19).

Puedo apagar todos los dardos de fuego del maligno con el escudo de la fe (Efesios 6:16).

Todo lo puedo en Cristo Jesús (Filipenses 4:13).

Muestro las alabanzas de Dios, quien me ha llamado de las tinieblas a su luz maravillosa (1 Pedro 2:9).

Soy hija de Dios, porque he nacido de nuevo por la semilla incorruptible de la Palabra de Dios, que vive y habita en mí para siempre (1 Pedro 1:23).

Soy una obra maestra de Dios, creada en Cristo para buenas obras (Efesios 2:10).

Soy una nueva criatura en Cristo (2 Corintios 5:17).

Soy un espíritu vivo para Dios (Romanos 6:11; 1 Tesalonicenses 5:23).

Soy creyente, y la luz del evangelio brilla en mi mente (2 Corintios 4:4).

Soy hacedora de la Palabra y estoy bendecida en mis acciones (Santiago 1:22, 25).

Soy coheredera con Cristo (Romanos 8:17).

Soy más que vencedora a través de Él, que me ama (Romanos 8:37).

Soy vencedora por la sangre del Cordero y la palabra de mi testimonio (Apocalipsis 12:11).

Soy participante de su naturaleza divina (2 Pedro 1:3-4).

Soy embajadora de Cristo (2 Corintios 5:20).

Soy parte de una generación escogida, un real sacerdocio, nación santa, pueblo comprado (1 Pedro 2:9).

Soy la justicia de Dios en Jesucristo (2 Corintios 5:21).

Soy el templo del Espíritu Santo; no me pertenezco (1 Corintios 6:19).

Soy la cabeza y no la cola; estoy encima y no debajo (Deuteronomio 28:13).

Soy la luz del mundo (Mateo 5:14).

Soy su escogida, llena de misericordia, bondad, humildad y paciencia (Romanos 8:33; Colosenses 3:12).

Soy perdonada de todos mis pecados y lavada en la sangre (Efesios 1:7).

Soy librada del poder de las tinieblas y trasladada al reino de Dios (Colosenses 1:13).

Soy redimida de la maldición del pecado, la enfermedad y la pobreza (Deuteronomio 28:15-68; Gálatas 3:13).

Estoy firmemente arraigada, edificada, establecida en mi fe, y rebosante de gratitud (Colosenses 2:7).

Dios me ha llamado a ser la voz de su alabanza (Salmos 66:8; 2 Timoteo 1:9).

Soy curada por la llaga de Jesús (Isaías 53:5; 1 Pedro 2:24).

He resucitado con Cristo y he sido sentada en lugares celestiales (Efesios 2:6; Colosenses 2:12).

Soy grandemente amada por Dios (Romanos 1:7; Efesios 2:4; Colosenses 3:12; 1 Tesalonicenses 1:4).

Soy fortalecida con todo poder según su gloriosa fuerza (Colosenses 1:11).

NOTAS

1 http://www.history.com/topics/womens-history/19th-amendment.
2 US Census Bureau. (2016). *Current Population Survey, Annual Social and Economic (ASEC) Supplement: Table PINC-01. Selected Characteristics of People 15 Years and Over, by Total Money Income in 2015, Work Experience in 2015, Race, Hispanic Origin, and Sex.* Bajado en línea el 12 de octubre de 2016, http://www.census .gov/data/tables/time-series/demo/income-poverty/cps-pinc/ pinc-01.html (cálculo no publicado basado en el salario mínimo anual para todas las mujeres y hombres que trabajaron a jornada completa, todo el año 2015, multiplicado por el número total de mujeres que trabajaron a jornada completa, todo el año 2015).
3 abcnews.go.com (2013).
4 United Nations Educational, Scientific and Cultural Organization, http://en.unesco.org/gemreport/sites/gem-report/files/girls -factsheet-en.pdf.
5 United Nations Educational, Scientific and Cultural Organization, http://en.unesco.org/gem-report/sites/gem-report/files/girls -factsheet-en.pdf (nota: tablas múltiples).
6 Gendercide Awareness Project, Gendap.org.
7 Valarie M. Hudson y Andrea M. den Boer, *Bare Branches: The Security Implications of Asia's Surplus Male Population* (Cambridge, MA: MIT Press, 2005), pp. 109–113, 171–172. Ver también Mara Hvistendahl, *Unnatural Selection: Choosing Boys over Girls, and the Consequences of a World Full of Men* (New York: Public Affairs, 2011).
8 https://www.cdc.gov/violenceprevention/nisvs/infographic.html.

9 Organización Mundial de la Salud, Department of Reproductive Health and Research, London School of Hygiene and Tropical Medicine, South African Medical Research Council, *Global and Regional Estimates of Violence against Women: Prevalence and Health Effects of Intimate Partner Violence and Non-Partner Sexual Violence*, 2013, p. 2. Para información sobre países individuales, ver United Nations Department of Economic and Social Affairs, The World's Women 2015, Trends and Statistics, capítulo 6, "Violence against Women", 2015.

10 UNODC, *Global Report on Trafficking in Persons*, 2014, pp. 5, 11.

11 International Labour Organization, Minimum Estimate of ForcedLabour in the World (Abril 2005), p. 6.

12 https://www.dosomething.org/us/ facts/11-facts-about-human-trafficking.

13 Skinner, E. Benjamin, *A Crime So Monstrous: Face-to-Face with Modern-Day Slavery* (New York: Free Press, 2008).

14 https://www.goodreads.com/ quotes/230438-in-a-futile-attempt-to-erase-our-past-we-deprive.

15 https://www.goodreads.com/ quotes/255850-of-one-thing-i-am-perfectly-sure-god-s-story-never.

16 http://www.encyclopedia.com/humanities/dictionaries-thesauruses -pictures-and-press-releases/discernment.

17 https://lenski.com/how-to-let-go-of-unresolved-conflict.

18 http://www.sermonsearch.com/sermon-illustrations/1084/not -today.

19 https://www.brainyquote.com/quotes/quotes/t/theodorero380703 .html.

20 https://www.goodreads.com/ quotes/230436-over-the-years-i-have-come-to-realize-that-the.

21 Ibíd.

22 https://www.brainyquote.com/quotes/quotes/g/georgewash158549 .html.

23 http://www.healanxietyanddepression.com.

24 https://www.brainyquote.com/quotes/quotes/a/abrahamlin383153
    .html.

25 http://www.success.com/article/how-to-stand-up-for-yourself.

26 https://www.goodreads.com/quotes/51815-public-opinion-is-a
    -weak-tyrant-compared-with-our-own.

27 https://www.sciencedaily.com/releases/2011/08/110815162348
    .htm.

28 http://www.isacs.org/misc_files/SelfEsteem_Report%20-%20
    Dove%20Campaign%20for%20Real%20Beauty.pdf.

29 https://www.goodreads.com/quotes/63061-what-we-hope-ever-to
    -do-with-ease-we-must.

30 https://www.goodreads.com/quotes/42890-how-poor-are-they
    -that-have-not-patience-what-wound.

¿Tiene una relación real con Jesús?

¡Dios la ama! Él la creó para ser una persona especial, única, exclusiva, y Él tiene un propósito concreto y un plan para su vida. Y mediante una relación personal con su Dios y Creador, puede descubrir un estilo de vida que verdaderamente satisfará su alma.

No importa quién sea, lo que haya hecho, o dónde se encuentre en la vida ahora mismo, el amor y la gracia de Dios son mayores que su pecado: sus errores. Jesús voluntariamente dio su vida para que usted pueda recibir perdón de Dios y tener nueva vida en Él. Él está esperando a que usted le invite a ser su Salvador y Señor.

Si está lista para entregar su vida a Jesús y seguirle, lo único que tiene que hacer es pedirle que perdone sus pecados y le dé un nuevo comienzo en la vida, el cual Él tiene para usted. Comience haciendo esta oración…

Señor Jesús, gracias por darme tu vida y perdonar mis pecados para que pueda tener una relación personal contigo. Siento mucho los errores que he cometido, y sé que necesito que me ayudes a vivir rectamente.

Tu Palabra dice en Romanos 10:9 que "si confiesas con tu boca que Jesús es el Señor y crees en tu corazón que Dios lo levantó de entre los muertos, serás salvo" (NVI). Creo que eres el Hijo de Dios y te confieso como mi Salvador y Señor. Tómame tal como soy, y obra en mi corazón, haciéndome la persona que quieres que sea. Quiero vivir para ti, Jesús, y estoy muy agradecida porque me estás dando un nuevo comienzo en mi nueva vida contigo hoy.

¡Te amo, Jesús!

¡Es maravilloso saber que Dios nos ama tanto! Él quiere tener una relación profunda e íntima con nosotras que crezca cada día al pasar tiempo con Él en oración y estudiando la Biblia. Y queremos animarla en su nueva vida en Cristo.

Por favor, visite tv.joycemeyer.org/espanol/como-conocer-jesus/ y descargue gratis el libro de Joyce, *Diles que les amo*, que es nuestro regalo para usted. También tenemos otros recursos gratuitos en línea para ayudarle a progresar en su búsqueda de todo lo que Dios tiene para usted.

¡Felicidades por su nuevo comienzo en su vida en Cristo! Esperamos oír de usted pronto.

Este diario es un recurso poderoso que le ayuda a mejorar su jornada espiritual, y le permite profundizar en aquello que percibe en su interior. Aquí no hay respuestas correctas o incorrectas. Simplemente sea abierta y honesta consigo misma y con Dios, y encontrará lo que está buscando.

* * *

Según Efesios 1:17-18, usted ha recibido espíritu de sabiduría y de revelación en el pleno conocimiento de Jesucristo, siendo iluminados los ojos de su entendimiento. Después de leer *Sanidad para el alma de una mujer*, ¿se entiende más a sí misma? ¿Cómo continuará su proceso de sanidad de aquí en adelante? Escriba lo que piensa.

_____

_____

_____

_____

_____

_____

_____

_____

_____

Dios suple todas nuestras necesidades según sus riquezas en gloria (ver Filipenses 4:19), y lo que Él tiene en mente para nosotras es infinitamente mejor como para que nos demos por vencidas. ¿Se le dificulta soltar algo que sabe que debería entregarle a Dios? Si es así, identifique qué es y por qué.

_____

_____

_____

_____

_____

_____

_____

_____

_____

_____

_____

_____

_____

_____

_____

_____

La Biblia nos anima a proclamar las obras maravillosas de Aquel que nos llamó de las tinieblas a su luz admirable (ver 1 Pedro 2:9). Escriba sobre esas luchas en las cuales Dios la ha ayudado y cómo ha sido transformada a una nueva criatura en Cristo.

_____

_____

_____

_____

_____

_____

_____

_____

_____

_____

_____

_____

_____

_____

_____

_____

_____

A través de la Biblia, Dios dice que usted es muy amada (ver Romanos 1:7, Efesios 2:4, Colosenses 3:12, 1 Tesalonicenses 1:4). Escriba cinco declaraciones que le recordarán que usted es su amada. Afírmeselo a sí misma todos los días, y ore cada mañana para que esta verdad le sea revelada.

La fe no solo la guía en su caminar diario, sino que la protege. Cuando realmente cree que ha sido hecha justa con Dios mediante la fe en Cristo, dejará de sentirse culpable, condenada y avergonzada. Efesios 6:16 nos enseña: "...tomen el escudo de la fe, con el cual pueden apagar todas las flechas encendidas del maligno". ¿Qué significa este versículo para usted? ¿Cómo se siente saber que Dios la mantiene a salvo?

_____

_____

_____

_____

_____

_____

_____

_____

_____

_____

_____

_____

_____

_____

Usted es hechura de Dios, creada en Cristo Jesús para buenas obras (ver Efesios 2:10). Celebre quién es y escriba al menos cinco cosas que le encantan sobre usted misma. Exprese una oración de agradecimiento por haber sido creada a la imagen de Él.

_____

_____

_____

_____

_____

_____

_____

_____

_____

_____

_____

_____

_____

_____

_____

_____

Santiago 1:22-25 la alienta a poner en acción la Palabra de Dios para que sea bendecida al hacerlo. Escriba sobre cómo puede vivir este concepto. ¿Qué puede hacer durante su día para "practicar la Palabra"?

_____

_____

_____

_____

_____

_____

_____

_____

_____

_____

_____

_____

_____

_____

_____

Romanos 8:17 declara que usted es coheredera con Cristo. Escriba este versículo en sus propias palabras, y medite en el hecho de que su herencia en Dios es mayor que cualquier problema que pueda estar atravesando.

_____

_____

_____

_____

_____

_____

_____

_____

_____

_____

_____

_____

_____

_____

_____

¿Qué cree que significa ser más que un vencedor en Cristo (ver Romanos 8:37)? ¿Lo cree de usted? Explique por qué sí o por qué no, y escriba una oración pidiéndole a Dios que aumente su fe para que pueda verse a sí misma como una vencedora.

_____

_____

_____

_____

_____

_____

_____

_____

_____

_____

_____

_____

_____

_____

_____

_____

_____

Según Colosenses 2:7, estamos llamados a ser arraigados, edificados, confirmados en la fe y llenos de gratitud. Escriba aquellas escrituras que la arraigan en la fe, y anote al menos tres cosas por las cuales está agradecida en su jornada de sanidad.

_____

_____

_____

_____

_____

_____

_____

_____

_____

_____

_____

_____

_____

_____

_____

_____

Apocalipsis 12:11 declara que usted ha vencido por medio de la sangre del Cordero y por el mensaje del testimonio. ¿Ha compartido su testimonio con alguien sobre la lectura de *Sanidad para el alma de una mujer*? ¿Produjo algún cambio? Escríbalo aquí y concéntrese en su progreso en lugar de cuánto le falta por alcanzar.

_____

_____

_____

_____

_____

_____

_____

_____

_____

_____

_____

_____

_____

_____

_____

Usted es fortalecido en todo sentido con su glorioso poder (ver Colosenses 1:11). ¿Quién o quiénes en su vida también la fortalecen y la apoyan? Escriba sobre cómo la animan y la ayudan en su jornada de sanidad. Haga una oración de gratitud a Dios por traerlos a su vida.

_____

_____

_____

_____

_____

_____

_____

_____

_____

_____

_____

_____

_____

_____

_____

_____

Deuteronomio 28:13 declara que el Señor la pondrá a la cabeza, y no en la cola; que estará en la cima y nunca en el fondo. Escriba sobre cinco cosas que usted no es. ¿Qué dicen ellas de usted y su jornada de autodescubrimiento?

_____

_____

_____

_____

_____

_____

_____

_____

_____

_____

_____

_____

_____

_____

_____

_____

Nosotros, como creyentes, somos parte de un linaje escogido, una nación santa (ver 1 Pedro 2:9). ¿Cómo puede animar a otras mujeres que pudieran estar pasando por dificultades? ¿Cómo usará su historia para compartir el amor de Cristo?

_____

_____

_____

_____

_____

_____

_____

_____

_____

_____

_____

_____

_____

_____

_____

_____

_____

¿Cuáles son sus esperanzas y deseos para el futuro, cuando Jesús sane su dolor y su sufrimiento? ¿Qué es lo que anhela? Pídale a Dios que la guíe y dele la gloria por las bendiciones futuras.

_____

_____

_____

_____

_____

_____

_____

_____

_____

_____

_____

_____

_____

_____

_____

_____

Isaías 53:5 revela que somos sanados por las heridas de Jesús, y somos llamados por Dios para ser la voz de su alabanza (ver Salmo 66:8). Escriba una oración de gratitud a Dios por salvar y sanar su alma.

_____

_____

_____

_____

_____

_____

_____

_____

_____

_____

_____

_____

_____

_____

_____

ACERCA DE LA AUTORA

Joyce Meyer es una de las principales maestras prácticas de la Biblia en el mundo. Como autora de éxitos de ventas del *New York Times*, los libros de Joyce han ayudado a millones de personas a encontrar esperanza y restauración por medio de Jesucristo. Los programas de Joyce, *Disfrutando la vida diaria* y *Everyday Answers with Joyce Meyer*, se emiten en todo el mundo en televisión, radio y la Internet. A través de Joyce Meyer Ministries, Joyce enseña internacionalmente sobre varios temas con un enfoque particular en cómo puede aplicarse la Palabra de Dios a nuestra vida cotidiana. Su estilo de comunicación sincero y espontáneo le permite compartir de forma abierta y práctica sobre sus experiencias para que otros puedan aplicar a sus vidas lo que ella ha aprendido.

Joyce ha escrito más de cien libros, que se han traducido a más de cien idiomas, y se han distribuido más de 65 millones de sus libros por todo el mundo. Entre sus éxitos de ventas destacan *Pensamientos de poder*; *Mujer segura de sí misma*; *Luzca estupenda, siéntase fabulosa*; *Empezando tu día bien*; *Termina bien tu día*; *Adicción a la aprobación*; *Cómo oír a Dios*; *Belleza en lugar de cenizas*; y *El campo de batalla de la mente*.

La pasión de Joyce por ayudar a las personas que sufren es el fundamento de la visión de Hand of Hope, el brazo misionero de Joyce Meyer Ministries. Hand of Hope ofrece viajes humanitarios por todo el mundo como programas de alimentación, cuidado médico, orfanatos, respuesta a catástrofes, intervención y rehabilitación en tráfico humano, y mucho más, siempre compartiendo el amor y el evangelio de Cristo.

JOYCE MEYER MINISTRIES
DIRECCIONES DE LAS OFICINAS EN E.U.A. Y EL EXTRANJERO

Joyce Meyer Ministries
P.O. Box 655
Fenton, MO 63026 USA
(636) 349-0303

Joyce Meyer Ministries—Canada
P.O. Box 7700
Vancouver, BC V6B 4E2
Canada
(800) 868-1002

Joyce Meyer Ministries—Australia
Locked Bag 77
Mansfield Delivery Centre
Queensland 4122
Australia
(07) 3349 1200

Joyce Meyer Ministries—England
P.O. Box 1549
Windsor SL4 1GT
United Kingdom
01753 831102

Joyce Meyer Ministries—South Africa
P.O. Box 5
Cape Town 8000
South Africa
(27) 21-701-1056

Making Marriage Work (previously published as *Help Me—I'm Married!*)
*Me and My Big Mouth!**
*The Mind Connection**
Never Give Up!
Never Lose Heart
New Day, New You
Overload
The Penny
Perfect Love (previously published as *God Is Not Mad at You*)*
The Power of Being Positive
The Power of Being Thankful
The Power of Determination
The Power of Forgiveness
The Power of Simple Prayer
Power Thoughts
Power Thoughts Devotional
Reduce Me to Love
The Secret Power of Speaking God's Word
The Secrets of Spiritual Power
The Secret to True Happiness
Seven Things That Steal Your Joy
Start Your New Life Today
Starting Your Day Right
Straight Talk
Teenagers Are People Too!
Trusting God Day by Day
The Word, the Name, the Blood
Woman to Woman
You Can Begin Again

LIBROS EN ESPAÑOL POR JOYCE MEYER

Belleza en lugar de cenizas (*Beauty for Ashes*)
Buena salud, buena vida (*Good Health, Good Life*)
Cambia tus palabras, cambia tu vida (*Change Your Words, Change Your Life*)
El campo de batalla de la mente (*Battlefield of the Mind*)
Cómo formar buenos hábitos y romper malos hábitos (*Making Good Habits, Breaking Bad Habits*)
La conexión de la mente (*The Mind Connection*)
Dios no está enojado contigo (*God Is Not Mad at You*)
La dosis de aprobación (*The Approval Fix*)

Empezando tu día bien (Starting Your Day Right)
Hazte un favor a ti mismo…Perdona (Do Yourself a Favor…Forgive)
Madre segura de sí misma (The Confident Mom)
Pensamientos de poder (Power Thoughts)
Sobrecarga (Overload)*
Termina bien tu día (Ending Your Day Right)
Usted puede comenzar de nuevo (You Can Begin Again)
Viva valientemente (Living Courageously)

*Guía de estudio disponible para este título

LIBROS POR DAVE MEYER

Life Lines